COLLECTION FOLIO

Gabriel Matzneff

La diététique de lord Byron

La Table Ronde

© Éditions de la Table Ronde, 1984.

Né en 1936 à Neuilly-sur-Seine, Gabriel Matzneff a publié vingt-trois livres : six romans, un recueil de poèmes, des essais, un volume regroupant ses chroniques polémiques de *Combat* et du *Monde*, un dictionnaire philosophique et plusieurs tomes de son journal intime.

*A la mémoire d'Hergé,
à Fanny Remi, son grand amour dans l'éternité,
à notre ami commun Stéphane Janssen.*

Mais j'ai vécu, et n'ai pas vécu en vain :
mon esprit peut perdre sa force, mon sang
sa flamme, et mon corps périr dans son
combat contre la douleur, il y a en moi
quelque chose qui épuisera la Torture et le
Temps, et me survivra quand je ne serai
plus ; quelque chose qui n'est pas de ce
monde et dont ils ne se doutent pas, semblable au souvenir des sons d'une lyre muette,
qui pénétrera leurs esprits adoucis et éveillera dans ces cœurs aujourd'hui de pierre le
tardif remords de l'amour.

CHILDE HAROLD, IV, 136.

1

Mio Byron

En ce lundi de Pâques 1824, à Missolonghi, sous les fenêtres de la chambre où Byron se meurt, des enfants échangent le salut pascal, et le triple baiser, semblables à ces autres enfants qui jadis, à Rome, jouaient aux osselets sur les marches du palais où agonisait Marc Aurèle. Trois jours plus tard, les obsèques de Byron sont célébrées dans l'église orthodoxe Saint-Spiridon. Un immense concours de peuple participe d'un même cœur au service funèbre : « Avec les saints, fais reposer, Christ Dieu, l'âme de ton serviteur, là où il n'y a ni douleur ni tristesse ni gémissement, mais la vie éternelle... »

Lorsque la fatale nouvelle parvint en France, le libraire Ladvocat tendit un voile de deuil au fronton de sa boutique du Palais-Royal ; des garçons de quinze ans épinglèrent un crêpe à leurs casquettes de collégiens. A Somersby, dans le Lincolnshire, un garçon du même âge se mit à errer, inconsolable, dans la campagne, et inscrivit sur un rocher de grès rouge : « Byron est mort. » Cet adolescent, c'était Tennyson.

Aujourd'hui encore, nous sommes quelques-uns qui portons le deuil de Byron, ou plutôt : nous sommes quelques-uns qui savons que Byron n'est pas mort, puisqu'il suffit que nous lisions ou entendions son nom pour que nos cœurs se mettent à battre plus vite. La mort n'existe pas pour celui qui a écrit *Manfred, Sardanapale, Don Juan*.

Quand on lit les premiers commentateurs français de Byron — Hugo, Lamartine —, on est surpris par l'image doloriste qu'ils se font de lui. Ils semblent ne pas voir que, chez Byron, la misanthropie, le pessimisme, le désabusement, l'expérience du malheur et de la pensée du suicide, s'accordent en permanence avec l'amour des êtres, le goût du bonheur, la capacité d'enthousiasme et une vitalité de chat-tigre. Si le refus de l'espérance niaise est le désespoir, va pour le désespoir! Mais Byron n'aimait pas ce mot de désespoir (« Désespoir n'est pas le mot juste », dit Sardanapale à sa jeune maîtresse, avant qu'ensemble ils ne se donnent la mort), et depuis que je le lis, c'est l'envie de vivre — vivre de la vie la plus drue, la plus vorace — qu'il n'a jamais cessé d'infuser en moi. L'optimisme nigaud me fiche le cafard ; la lucidité, elle, est pour ma complexion une vertu tonique. Byron me fortifie, parce qu'il exalte en moi l'énergie créatrice, la fierté d'être celui que je suis, l'insolence de braver l'opinion du monde. Byron a toujours été pour moi un maître de vie, et non de mort ; un maître de courage, et non de résignation ; un maître de plénitude, autrement dit : de diététique.

La diététique, ce ne sont pas seulement les régimes alimentaires qui furent, dès son adolescence, une des obsessions de Byron, mais aussi sa philosophie de l'existence, et son art de vivre : le comportement qu'avait en face de l'amour, de la création littéraire, de la société, de Dieu, ce pessimiste allègre, cet égoïste généreux, ce gourmand frugal, ce sceptique passionné, ce grand seigneur nonchalant qui fut un révolutionnaire actif, ce nordique fasciné par l'Orient, ce tempérament de droite aux idées de gauche, ce pédéraste couvert de femmes, ce disciple d'Épicure qu'habitait la peur de l'enfer chrétien, cet adversaire de l'impérialisme qui vénérait Napoléon, ce suicidaire amoureux de la vie, cet ami des Turcs qui est mort pour la liberté du peuple grec, ce poète à la réputation sulfureuse et au cœur pur.

J'avais pensé intituler *Mio Byron* ce livre que je porte en moi depuis ma seizième année, tel un désir inassouvi. D'abord, en souvenir de la lettre du 6 avril 1819 où Byron décrit la comtesse Teresa Guiccioli à Hobhouse : « Elle est jolie, mais n'a pas de tact ; elle répond à haute voix quand elle devrait chuchoter et parle de leur âge aux vieilles dames qui veulent paraître jeunes ; ce soir même elle a horrifié une respectable compagnie chez la Benzoni en m'appelant " Mio Byron " d'un ton audible pendant un silence mortel... » Ensuite, pour signifier que je n'ai aucune prétention à l'objectivité. De mes lectures, je ne retiens que l'écho intime qu'elles éveillent en moi, les pages où je me reconnais et qui parlent à mon âme. Cette approche n'est pas celle des universitaires, et chaque fois que j'ai pris part à une réunion de la Byron Society, j'ai songé que le livre que j'écrirais un jour sur Byron serait d'une autre espèce que les travaux de ces doctes.

Ce livre, le voici : l'œuvre, non d'un érudit, mais d'un amateur ; d'un byronien, et non d'un byroniste. *Never mind !* Je ne vois nulle antinomie entre les études (auxquelles, on le verra, je me réfère volontiers) de ces éminents professeurs et ma modeste contribution : au contraire, elles se complètent et s'éclairent au réciproque. Si le byronisme est une religion, il est bon que celle-ci ait ses évangélistes officiels, ses Pères de l'Église[1]; mais il n'est pas mauvais qu'elle ait aussi son hérésiarque, son schismatique, qui a du dogme une vision qui, pour être personnelle, n'en est pas moins passionnée. *La diététique de lord Byron* est le fruit d'une lecture subjective, gnostique. Byron lui-même ne lisait pas autrement, qui ne retenait d'un ouvrage que ce qui vivifiait ses propres inclinations, et ignorait le reste. Boris de Schloezer m'a raconté que, lorsqu'il a soumis le manuscrit du *Kierkegaard* de Chestov à Gaston

---

1. Les Pères (et les Mères) de l'Église byroniste sont innombrables, et une bibliographie complète comporterait plus de deux mille titres. Voici les ouvrages que je cite dans le cours de ma *Diététique*, et que je recommande à une jolie lycéenne qui serait désireuse de se constituer un embryon de bibliothèque byronienne :
Leslie A. Marchand, *Byron, a biography*, Londres, 1957.
Leslie A. Marchand, *Byron, a portrait*, Londres, 1971.
Doris Langley Moore, *The late lord Byron*, Londres, 1961.
Doris Langley Moore, *Lord Byron accounts rendered*, Londres, 1974.
Robert Escarpit, *Byron, un tempérament littéraire*, Paris, 1957.
Robert Escarpit, *Byron*, Paris, 1965.
Margot Strickland, *The Byron Women*, Londres, 1974.
Iris Origo, *Le dernier amour de Byron*, Paris, 1957.
Bernard Grebanier, *The uninhibited Byron*, Londres, 1971.
G. Wilson Knight, *Lord Byron's Marriage*, Londres, 1957.
André Maurois, *Byron*, Paris, 1930.
Thomas Medwin, *Conversations de lord Byron*, Paris, 1825.
Comtesse de Blessington, *Conversations de lord Byron*, Paris, 1833.
Anthony Burton et John Murdoch, *Byron*, catalogue de l'exposition du Musée Victoria et Albert, Londres, 1974.
The Byron Journal, revue annuelle publiée à Londres par les soins de la Byron Society.
Il existe plusieurs bonnes éditions anglaises des œuvres poétiques complètes de Byron. En langue française, la seule intéressante est celle de Benjamin Laroche, vieille d'un siècle et demi. Pour ses œuvres en prose — lettres et journal intime —, il y a l'admirable édition établie par Leslie A. Marchand, chez John Murray : *Byron's letters and journals*, Londres, 1973-1982. Extrait de ces douze tomes, un volume de morceaux choisis a été publié à Paris en 1987 dans une excellente traduction de Jean-Pierre Richard et Paul Bensimon.

Gallimard, celui-ci a refusé de le publier, en disant :
« Votre ami Chestov n'a pas écrit un livre sur Kierkegaard, mais un livre sur Chestov. » Il est possible que *Mio Byron* me vaille des griefs de cette sorte. Je les recevrai comme des compliments. Byron a été le dieu de mon adolescence ; il demeure mon maître, mon complice ; il est l'écrivain du passé dont je me sens le plus proche. Cette *Diététique de lord Byron* est une dette de gratitude, qui témoigne que je reste fidèle aux ferveurs, aux désirs, aux révoltes et aux idées fixes de ma seizième année.

2

Entre Vénus et Esculape

Quand je lis une biographie de Byron, je saute les pages consacrées au « coin des ancêtres ». Son grand-père a été une sorte de capitaine Haddock ? Son père un aventurier, un gigolo bon genre ? Tant mieux pour eux, mais je ne suis pas un généticien, je n'entends rien à l'hérédité, et c'est Byron qui, seul, m'intéresse. De ces savantes tartines sur sa famille, ne retiennent mon attention que celles où l'on voit Byron s'opposer à sa mère, résister à son entourage, s'opiniâtrer à suivre sa voie propre, sans se soucier de l'approbation des grandes personnes ; celles où l'on entend son insupportable maman, qu'il appelait « mon tyran domestique », s'écrier : « Tu n'es qu'un égoïste ! un ingrat ! moi qui me suis sacrifiée pour toi ! tu es un monstre ! tu me rendras folle ! tu n'as pas de sentiments, pas de cœur ! »

Sans doute ne m'indiffère-t-il pas de noter dans mes carnets noirs que deux d'entre mes divinités tutélaires, Byron et Schopenhauer (ce dernier étant lui-même un *Byron's fan*), ont, l'un et l'autre, détesté leur mère et eu un père suicidé. Je le note, mais ensuite, point à la ligne. *Basta !* Je ne vais pas consacrer à ces prolégomènes une thèse de doctorat.

La famille de Byron n'existerait à mes yeux que dans la mesure où elle lui aurait inspiré certains de ses personnages, ce qui n'est pas le cas, sauf en ce qui regarde sa demi-sœur Augusta, mais c'est comme amante, et non comme parente, qu'elle joue un rôle dans son œuvre. Peu d'écrivains auront été moins inspirés que Byron par leur proche famille. Son père, qu'il n'a pas connu (il fut « un fils unique, élevé par une mère veuve »), est absent de ses livres. Quant à sa mère, elle a droit dans *Don Juan* (VIII, 110) à un vers sur un jeune Tartare infirme éduqué par une mère chrétienne ; elle fait aussi une brève apparition aux premières lignes du *Difforme transformé;* puis à la trappe ! Lorsque Byron veut peindre la mère de Juan, c'est sa femme, Annabella, qu'il prend pour modèle. La famille — sauf s'il s'agit de nobles aïeux morts depuis des lustres, décoratifs et peu encombrants — n'évoque pour lui que des pensées désagréables, et c'est pourquoi il tente de la nier, de l'effacer de sa vie, et de sa mémoire. Entre un père absent et une mère abusive, Byron, dès l'âge de onze ans, a su que l'amour maternel était une cage, et la famille un bunker. « Je n'approuve pas que les garçons soient élevés par leurs mères ; j'en ai trop souffert moi-même », dira-t-il plus tard à Medwin. La vraie famille de Byron est celle que forment ses maîtres à penser, ses amis, ses maîtresses, ses gitons, ses domestiques, ses animaux, ses lecteurs. En couchant avec sa sœur, il a montré le cas qu'il faisait de la famille par le sang, et Augusta est précisément la seule personne de sa parenté qu'il ait traitée comme quelqu'un de sa famille, qu'il ait véritablement aimée. Quand sa mère mourra, il refusera d'accompagner le corbillard jusqu'au cimetière.

N'accordons à cette mère que la place que Byron lui

a accordée, et, pour savoir ce qu'il pensait d'elle, lisons le début du *Difforme transformé :*

Berthe : — Va-t'en, bossu !
Arnold : — Je suis né comme cela, mère !

Dialogue instructif. Ce n'est pas seulement parce qu'elle l'exaspérait, que Byron haïssait sa génitrice : c'est parce qu'il la rendait responsable de son infirmité de naissance, de cette boiterie qui, jusqu'à sa mort, sera pour lui une humiliation. C'est en effet au corset que Catherine Gordon Byron portait durant sa grossesse qu'il attribuait cette malformation, et le marquis de Sligo a raconté à Moore qu'à Athènes, en 1810, comme il se baignait avec Byron, celui-ci, désignant son pied malade, s'écria qu'il le devait à la fausse délicatesse de sa mère durant l'accouchement.

Les enfants sensibles ont souvent une tare familiale qui, à tort ou à raison, leur fait honte : l'un, c'est un pied bot, l'autre un père ivrogne, le troisième, une mère qui a des amants, le quatrième d'être ballotté entre des parents divorcés, le cinquième... Chacun peut, selon son expérience, compléter la liste : « Tout homme a son ver qui le ronge ; Copernic aussi a le sien » (Goethe).

Byron mort, Trelawny se fit conduire par le valet Fletcher dans la chambre où reposait le corps embaumé de son ami. Pour éloigner le domestique, il le pria de lui apporter un verre d'eau. « Dès que celui-ci eut quitté la pièce, écrit Trelawny, pour confirmer ou effacer mes doutes sur la cause de sa boiterie, je découvris les pieds du Pèlerin et j'eus ma réponse : le grand mystère était résolu. Ses deux pieds étaient bots, et ses jambes atrophiées jusqu'aux genoux — la silhouette et les traits d'un Apollon, avec les pieds et les jambes d'un satyre des bois. »

Byron avait-il un seul pied bot, ou bien, comme le prétend Trelawny, ses deux jambes étaient-elles difformes ? Doris Langley Moore, dans son érudissime *The late lord Byron,* affirme que Trelawny a menti, qu'il n'est arrivé à Missolonghi qu'après que le cercueil a été cloué, qu'il n'a pas pu examiner le cadavre, et que cette scène macabre est une invention. On pourrait objecter que Trelawny, qui s'était baigné des dizaines de fois avec Byron en Italie, avait eu sur les plages tout loisir de regarder les pieds et les jambes de celui-ci. Nous avons aussi le témoignage de Medwin, qui écrit ingénument : « Je m'attendais à découvrir qu'il avait un pied bot, peut-être le pied fourchu ; mais il eût été difficile de distinguer l'un et l'autre, soit par le volume, soit par la forme. » Au reste, peu importe, et les médecins sont, aujourd'hui encore, divisés sur ce « mystère orthopédique » (la formule est du docteur Morrisson) de l'infirmité de Byron — pied bot, ou mal de Little, ou dysplasie congénitale, ou blessure faite à la naissance, ou paralysie infantile. Ce qui compte, c'est que Byron boitait, qu'il a cru cette tare d'origine maternelle, qu'il l'a ressentie comme une marque infâme, que cette honte ne l'a quitté qu'avec la vie, et qu'il craignait même qu'elle ne le poursuivît jusque dans l'autre monde, ainsi qu'en témoigne la railleuse amertume de sa lettre du 13 septembre 1811 à Francis Hodgson : « Quant à votre immortalité, si les gens doivent vivre, pourquoi meurent-ils ? Et nos carcasses, qui doivent ressusciter, méritent-elles de ressusciter ? J'espère, si c'est le cas de la mienne, que j'aurai une meilleure *paire de jambes* que celle avec laquelle je marche depuis vingt-deux ans, ou bien je serai tristement distancé dans la ruée vers le paradis. »

Enfant, son pied infirme lui a valu d'être en butte aux moqueries de ses camarades de classe ; à quinze ans, d'entendre la belle Mary Chaworth, qui en avait dix-huit et dont il était éperdument amoureux, dire à sa femme de chambre : « Pensez-vous que je pourrais éprouver quoi que ce fût pour ce garçon boiteux ? » ; plus tard, nonobstant ses livres, sa notoriété, ses admiratrices, de demeurer en société timide et gauche. « Je n'ai pas de maison, pas de parents, pas de race. Je ne suis pas fait comme les autres créatures, ni destiné à partager leurs jeux et leurs plaisirs », dit Arnold, dans *le Difforme transformé*. Tout est contenu dans ces lignes : la haine de Byron pour sa famille ; les affronts qu'il a subis à l'école, ou dans les salons.

Enfant, Byron a souffert de son pied bot, de son embonpoint, d'une mère abusive, de la pauvreté. L'argent est arrivé, la mère est morte, les kilos sont partis (nous verrons cela), seul le pied bot est resté. Aucun magicien, aucun chirurgien, n'a pu faire que les pieds fourchus de l'archangélique lord Byron devinssent, comme ceux d'Arnold dans *le Difforme transformé*, « les plus agiles qui aient jamais été créés ». Avant sa métamorphose, Arnold — comme bon nombre de personnages byroniens — connaît la tentation du suicide : « Hideuse créature que je suis ! Mon bon couteau ! tiens-toi ferme pendant que je vais m'élancer sur toi ! » Des années avant d'écrire *le Difforme transformé*, en mai 1811, de retour de son premier voyage en Orient, Byron notait sur le bateau qui le reconduisait en Angleterre : « Un homme qui boite d'une jambe est dans un état d'infériorité corporelle qui augmente avec les années et doit rendre sa vieillesse encore plus maussade et intolérable. » Les colonnes d'Hercule qui ont sa vie durant soutenu Byron, les garde-fous qui l'ont préservé de succomber au vertige du suicide, sont le goût de l'écriture, l'amour des corps jeunes, la discipline diététique, l'enthousiasme pour la liberté des hommes et des nations. Autrement dit : son talent, sa sensualité, son intelligence, sa générosité.

De toutes les vertus prônées par les stoïciens, dont Byron était féru (précisément, dans *le Difforme*, Olympia, juste avant son suicide manqué, cite Sénèque sur la mort volontaire), l'acceptation de soi est la plus difficile à acquérir : « De quel poids fatigant, funeste, décourageant, ma difformité pèse-t-elle sur mon cœur ! » Byron n'acceptera jamais sa tare originelle, mais il tentera de la surmonter. Boiteux ? Cette boiterie sera pour lui une raison supplémentaire d'être beau, séduisant, irrésistible. Devenu beau par la grâce du diable, Arnold s'écrie : « Je suis beau et je serai aimé ! » Byron ne pouvait rien contre sa boiterie ; en revanche, il pouvait lutter contre cette corpulence qui avait fait de lui, dès son jeune âge, un garçon balourd, peu gracieux, *a fat bashful boy*, dira Élizabeth Pigot qui était alors sa meilleure amie. C'est pour plaire aux jeunes personnes, pour se plaire à soi-même et acquérir de l'aisance, que Byron s'est employé à tuer sa mauvaise graisse et à sculpter son corps, par la pratique des bains chauds, de la boxe, de l'escrime, surtout de la natation et du cheval, qui étaient deux sports où il oubliait son infirmité, — enfin par un régime alimentaire d'une rigueur extrême que, sauf en des occasions euphoriques et des temps d'angoisse, il observera avec un zèle et une vigilance qui ne se relâcheront pas.

A l'âge de dix-huit ans, Byron mesurait environ 1 m 70 et pesait plus de cent kilos, ce qui est, observe Leslie A. Marchand, un poids énorme, *a tremendous weight*. Il descendra en dessous de soixante-dix kilos grâce à l'observance de règles drastiques qui, de 1807 — année où il publie son premier livre, *Heures de loisir* — à 1824 — qui est celle de sa mort à Missolonghi — se modifieront peu. Dès le printemps 1807, il donne à Élizabeth Pigot et à ses anciens camarades d'école des nouvelles de sa métamorphose. C'est ainsi que, le 14 mai, il écrit à Edward Noel Long : « Si les cieux et ma santé le permettent, dans un mois, et avec l'aide d'un gros manteau, de huit gilets *(sic)*, de bandages en flanelle, d'exercice quotidien, d'abstinence de bière, d'un repas par jour et d'un bain chaud, je pense que vous ne reconnaîtrez pas *George Gordon*. » Il ajoute, triomphalement, que ses cheveux noirs tournent, grâce à ce régime, au châtain clair. Le 29 juin, dans une lettre à Long, il affirme que son petit ami de l'année précédente, l'enfant de chœur John Edleston, ne l'a pas reconnu, tant il a maigri! Le 20 août, il écrit au comte de Clare que même ses vieux copains de classe — *even old Schoolfellows* — ne le reconnaissent pas, et qu'en six mois il a perdu près de vingt-quatre kilos.

La plupart des biographes de Byron rendent cette ascèse responsable de sa déchéance physique prématurée. Je ne partage pas ce sentiment. Certes, Byron qui, lorsqu'il tombait malade, se soignait à l'éther et au laudanum, n'a pas eu la chance de rencontrer un Gaylord Hauser, un François Jarricot, un Christian Cambuzat, qui l'auraient guidé sur la voie étroite du bien-manger et du bien-boire, lui permettant ainsi de maigrir sans carences; il est toujours tombé sur des médecins ignares ou stupides, tels Polidori, Bruno,

Millingen, incapables de le guérir, capables seulement de le tuer. Néanmoins, à défaut de bons diététiciens vivants, il avait ses chers Anciens, en particulier Horace, son auteur de prédilection, qui, en ce qui touche l'art de se nourrir, la frugalité, le jeûne observé à propos, *tempestiva abstinentia*, est un maître qui égale les meilleurs hygiénistes modernes.

Plus tard, le byronien passionné que fut Nietzsche expliquera la métaphysique allemande par l'abus de la choucroute, des patates et de la bière. De même, ce sera moins pour maigrir — une sole grillée ou une aile de poulet rôti n'ont jamais fait prendre un gramme à personne — que par réaction contre les apoplectiques bouffeurs de biftecks parmi lesquels il vivait à Londres, que Byron se convertira, lors de son premier voyage en Méditerranée orientale, à un végétarisme de stricte observance. A bord de la frégate *Volage* qui le ramène dans son pays après plus de deux ans d'absence, il écrit à sa mère, le 25 juin 1811 : « Je dois vous informer que j'ai adopté depuis longtemps un régime entièrement végétarien, sans poisson ni viande ; je m'attends donc à trouver un stock important de pommes de terre, de légumes verts et de biscuits. Je ne bois plus de vin. » Si Byron avait eu auprès de lui un bon génie, un Cambuzat, celui-ci lui aurait soufflé à l'oreille de renoncer aux biscuits et de manger du poisson.

De retour à Londres, Byron raconte à ses amis que, tombé sérieusement malade à Patras, il a manqué de succomber aux clystères et aux vomitifs que lui avait administrés un médecin, Romanelli, imposé par le consul d'Angleterre, et qu'il s'est guéri tout seul en se mettant au régime du riz mêlé de vinaigre ; il écrit à sa sœur Augusta : « Vous me demandez des nouvelles de ma santé ; je suis d'une maigreur tolérable, que j'obtiens par l'exercice et l'abstinence. » Hypocondre et coquet, Byron « s'écoute » (comme on dit) beaucoup : le moindre bobo devient une affaire d'État, il ameute ses proches pour une égratignure, il emplit des pages de son journal intime avec le détail de ses indigestions, il vit parmi les pilules, ne se déplace jamais sans un médecin et une pharmacie, et ses malaises occupent dans ses lettres une place d'importance. Il était encore étudiant à Cambridge, quand, le 6 février 1807, il se décrivait à son ami Clare mettant au point le manuscrit de ses poèmes, faisant l'amour et prenant des potions : « Les deux derniers divertissements n'ont pas eu le meilleur effet : mes soins sont dispersés entre tant de belles demoiselles, et les drogues que j'ingurgite sont de compositions si variées, qu'entre Vénus et Esculape je suis menacé de mourir. » Il n'en mourra pas, du moins pas tout de suite : de la santé pour aimer, de la beauté pour être aimé, Byron passera sa vie *between Venus and Æsculapius.*

Ce n'est pas seulement dans sa correspondance que Byron se moque de soi-même et de ses tics de vieux garçon. Comme tous les bons auteurs, il sait qu'il ne faut jamais se prendre au sérieux (il faut prendre son art au sérieux, ce qui n'est pas la même chose), et que c'est avec une pointe d'ironie qu'il convient de parler des choses qui nous tiennent le plus au cœur. Dans *Don Juan* (IX, 14), il s'écrie : « Je préfère de beaucoup une bonne digestion au cancer de Napoléon », et, à la strophe suivante, il évoque « ceux qui savent ce qu'est une indigestion — ce supplice interne qui fait couler tout le Styx dans un seul petit foie ».

Au réveil, Byron prenait une tasse de thé vert, très fort, sans lait ni sucre, et un jaune d'œuf cru ; à midi, il grignotait quelques biscuits ; le soir, il mangeait des légumes cuits, arrosés de deux bouteilles de vin — de préférence un grand bordeaux ; la nuit, insomniaque et altéré, il vidait force flacons d'eau gazeuse. Quant à la viande, il la dédaignait, la jugeant « bonne pour les boxeurs ». A Pise, en 1821, il s'en explique ainsi à Medwin : « Mes digestions sont laborieuses, et je suis trop bilieux pour manger plus d'une fois par jour. A l'ordinaire, je me nourris de légumes. Certes, je bois deux bouteilles de vin à dîner ; mais ce n'est encore qu'un régime végétal. » Medwin note que parfois Byron buvait des spiritueux mêlés avec de l'eau : « C'était une espèce de médecine qu'il prenait comme remède contre les douleurs néphrétiques auxquelles il était ou croyait être sujet. » Ceux d'entre nous qui ont éprouvé dans leur chair la térébrante douleur provoquée par les coliques néphrétiques, apprécieront la naïveté ou l'humour noir de ce « ou croyait être » du brave Medwin. Reste à savoir si les spiritueux avaient été prescrits par le docteur Henry Charles Boisragon qui, en 1812, a soigné Byron pour cette cruelle maladie de la pierre. Ils étaient en tout cas un sujet sur lequel Byron était volontiers taquin. « Medwin, raillait-il, pourquoi ne buvez-vous pas ? Le genièvre coupé d'eau est la source de toutes mes inspirations. Si vous buviez autant que moi, vous écririez d'aussi bons vers : croyez-moi, c'est le véritable Hippocrène. »

Ce point — le *golden goblet* de Sardanapale — est le seul sur lequel Christian Cambuzat aurait eu du mal à discipliner Byron. Byron *savait* qu'un excès de boisson dilate l'estomac, attaque le foie, donne la tête lourde, mais, lecteur d'Ovide, il se répétait : *Video meliora proboque, deteriora sequor*, et, après quelques jours d'abstinence, il se remettait à boire sec. En décembre 1813, il notait dans son journal intime : « Je voudrais pouvoir cesser entièrement de manger. » Touchant l'alcool, il prenait des notes d'un autre genre. Le 27 mars 1814, il dîne avec Scrope Davies. A deux, ils vident une bouteille de champagne et six de bordeaux, « deux sortes de vin qui ne font jamais mal », observe-t-il, péremptoire. Le 9 avril de la même année, il écrit à Thomas Moore : « J'ai boxé avec Jackson tous les jours depuis un mois, en manière de gymnastique. Je me suis aussi remis à boire, et, une fois, j'ai bu au *Cocotier* avec trois amis, de six heures à quatre heures, et même jusqu'à cinq heures du matin. Nous bûmes bordeaux et champagne — *we clareted and champagned* — jusqu'à deux heures, puis nous soupâmes, et terminâmes par une sorte de punch régence, composé de madère, de brandy et de thé vert, l'eau véritable n'y étant pas admise... Ainsi, je suis très bien portant, quoique l'on prétende que je finirai, à ce régime, par ruiner ma santé. » Dans cette lettre, Byron ajoute malicieusement que s'il est végétarien tout le reste de l'année, il se fait un devoir de manger de la viande pendant le jeûne de Pâques : « Je me suis presque tué l'autre jour avec une paupiette de veau, que j'ai avalée pour le souper, et *indigérée* pendant je ne sais combien de temps (soit dit en passant). Toute cette gourmandise était en l'honneur du Carême. »

Un régime alimentaire est semblable à une loi morale : il est fait pour être transgressé. Byron aimait à enfreindre celui qu'il s'était lui-même, et dès sa vingtième année, imposé. A Londres, cette alternance de jeûnes et de beuveries ne s'avérera pas un spécifique pour le foie. Au bord du lac Léman, Byron mène une vie saine (thé vert, biscuits, eau de Seltz coupée de bordeaux, légumes). A Venise, il ne s'abandonne pas seulement aux excès de la drague, mais aussi à ceux du boire et du manger, ce qui est naturel : un homme qui, chaque jour, fait l'amour avec plusieurs jeunes personnes, et dont l'unique souci est d'organiser son temps — ce temps, ce maudit temps, qui est l'ennemi constant du séducteur (« Ô Temps ! pourquoi ne fais-tu pas une pause ? », *Don Juan*, XIV, 53) — de manière à ce que ces demoiselles, toutes amoureuses, et donc toutes jalouses, ne se croisent pas dans son escalier, a parfois une telle sensation d'épuisement physiologique et nerveux — la sensation d'être dévoré vivant, totalement vidé de sa substance — que pour se refaire, ou pour avoir l'illusion de se refaire, il se jette sur les plats et les bouteilles, il mange et boit avec gloutonnerie. *Che barbaro appetito !* s'exclame Leporello en voyant s'empiffrer Don Juan, le soir du fatal banquet. Il n'est pas étonnant que les amis de Byron qui le visiteront à Venise durant les deux premières années de son séjour l'aient trouvé fort grossi.

C'est l'amour de la jeune comtesse Teresa Guiccioli qui, en le fixant, le rendra au souci de sa silhouette, de sa santé, et donc à l'observation de ses règles diététiques. Lorsqu'il reverra Byron à Ravenne, en août 1821, Shelley, toujours attentif, se réjouira de cette influence rédemptrice de Teresa : « Il a de fait complètement recouvré sa santé, et il a une vie qui est aux antipodes de celle qu'il menait à Venise », écrira-t-il à sa femme, Mary. Deux ans plus tard à Gênes, lady Blessington ayant exprimé le vœu qu'il adoptât un régime alimentaire plus substantiel, Byron lui répond : « Si je suivais votre conseil, je deviendrais gras et stupide : la liberté de mon esprit, la puissance de mon cerveau dépendent du régime que je suis. » Dans le livre que Dallas a publié aussitôt après la mort de Byron, il y a beaucoup d'inexactitudes et de perfidies, mais aussi des observations justes touchant le thé et les biscuits dont se contentait alors celui-ci (nous sommes en 1811, à son retour d'Orient), « et que tout autre aurait appelé mourir de faim ». Dallas s'en étant inquiété, Byron lui assura que loin que cette diète abattît ses esprits, il s'en trouvait plus léger et plus vif; et qu'elle lui donnait un plus grand empire sur lui-même sous tout autre rapport. Dallas ajoute, et je partage son opinion, qu'il ne doutait pas que le principal motif de cette abstinence presque incroyable « ne fût l'horreur parfaite de la corpulence que Byron regardait comme aussi laide à la vue que pernicieuse à l'intelligence ».

Aussi bien en ce qui touche son régime que les raisons qui le poussaient à s'y astreindre, Byron n'a donc jamais varié. Pourquoi du reste aurait-il varié? Que ce fût à Londres ou à Ravenne, il avait besoin de la même alacrité pour écrire et pour baiser : qu'il s'agît de petits garçons grecs, de femmes du monde anglaises ou de filles du peuple italiennes, il lui fallait mêmement rester jeune, beau, svelte, pour charmer, et conquérir. Les gens retiennent surtout, afin de s'en indigner vertueusement, le caractère lascif de la vie du séducteur; pourtant la nature ascétique de cette existence donjuanesque est, elle aussi, une réalité. Devoir être toujours prêt, toujours aux aguets, toujours disponible, toujours en forme (*between Venus and Æsculapius!*), toujours sur la brèche, ce n'est pas de la tarte! Cela exige une discipline et des sacrifices dont l'humanité ordinaire n'a même pas idée. Don Juan est un moine : un moine inversé, un moine noir (comme on dit une messe noire), un anti-moine, soit, mais un moine. Il rayonne d'une infatigable et infernale sainteté.

Un homme qui est écrivain et séducteur fait passer sa vie amoureuse avant son travail, ne serait-ce que parce que c'est celle-là qui nourrit celui-ci. Byron n'avait pas de doute sur la beauté de son écriture, mais il en avait sur celle de son corps, et dans ses conversations avec la comtesse de Blessington il se montre plus soucieux de compliments sur sa tournure que d'éloges sur son œuvre. « Rien, note avec amusement lady Blessington, ne lui fait plus plaisir comme de s'entendre dire qu'il maigrit. Cette faiblesse descend en lui jusqu'à l'enfantillage, et il vous demande souvent : " Ne trouvez-vous pas que je maigris ? " Ou bien : " Avez-vous jamais vu une personne en bonne santé et aussi maigre que moi ? " — " Je suis sûr, dit-il, qu'on ne me reconnaîtrait pas si j'allais à présent en Angleterre. " Et il paraît heureux à cette idée. »

Hanson, débarquant à Venise en novembre 1818, trouve Byron méconnaissable : à trente ans, il en porte quarante, ses cheveux tombent, son visage est bouffi, son teint jaune, sa chair flasque, ses poignets disparaissent sous des bourrelets de graisse. Thomas Moore, en octobre 1819, a une impression analogue : il note que Byron a épaissi de corps et de visage ; qu'il a perdu cette allure raffinée, spiritualisée, qui, en d'autres temps, était sa caractéristique. Le portrait que Medwin trace de Byron, à Pise, en 1821, n'est guère plus flatteur. Medwin, lui aussi, donne à Byron dix ans de plus que son âge, un Byron dont le teint est « presque blême », qui a « tout juste ce qu'il faut pour n'être pas court et gros », qui croit dissimuler la perte de ses cheveux en portant très longs les rares qui lui restent, « ce qui rend sa tête chaque jour plus semblable à la tête chauve de César ». Quant à Leigh Hunt, qui n'avait pas revu Byron depuis des années, arrivant à

Gênes en 1822, il le reconnaît à peine, tant l'écrivain est à présent joufflu, pareil à une pleine lune.

Ces témoignages masculins sont sans doute exacts, mais j'ajoute plus de crédit à ceux des femmes, car seules les femmes ont véritablement aimé Byron, au lieu que les hommes — en particulier certains faux amis tels que Trelawny et Hunt — l'ont toujours jalousé. Oui, je préfère croire la comtesse de Blessington observant en 1823, à Gênes : « Il est tellement maigre que son visage est presque celui d'un adolescent » ; et Teresa Guiccioli évoquant ce printemps 1819 où elle devint la maîtresse de Byron : « Sa noble et belle physionomie, le son de sa voix, ses manières, ses attraits, le révélaient si différent de tous ceux qui l'entouraient, si supérieur, que je ne pus me soustraire à sa séduction. »

Byron, au demeurant, était fort lucide : il ne marchait pas vers la mort à reculons ; il savait qu'il vieillissait, et ces atteintes de l'âge étaient un de ses sujets de réflexion favoris ; mais il savait aussi qu'il n'avait jamais eu autant de succès auprès des femmes que depuis qu'il avait perdu son teint d'albâtre et ses beaux cheveux, que Mary Chaworth qui l'avait repoussé quand il était un joli garçon de quinze ans serait aujourd'hui tombée dans ses bras, et ce fut en pensant à son front précocement dégarni et à l'amour qu'il vivait alors avec Teresa, qu'il évoqua dans *le Difforme transformé,* écrit à Pise en 1821, la calvitie de Jules César et la passion que celui-ci inspira à Cléopâtre, une adolescente de seize ans, « âge où l'amour n'est pas moins dans les yeux que dans le cœur ».

Peu après la publication de *Childe Harold,* Byron voulut se réconcilier avec Thomas Moore, qu'il avait épinglé dans *les Bardes d'Angleterre et les critiques d'Écosse*. Le dîner de réconciliation (rien ne vaut une table bien garnie pour effacer une querelle ancienne) eut lieu chez Samuel Rogers, poète lui aussi, et en outre banquier, ce qui ne gâche rien : avoir des amis fortunés qui les traitent somptueusement est, depuis Horace et Mécène, une vieille tradition chez les hommes de lettres. Le dîner eut donc lieu, mais Byron étonna Moore et Rogers par sa rigueur végétarienne, refusant tous les plats, réclamant des biscuits et de l'eau gazeuse, qui étaient précisément ce que n'avait pas Rogers, et se contentant de pommes de terre bouillies écrasées dans du vinaigre. Peut-être Byron s'était-il ce soir-là souvenu du comte de Saint-Germain, qui, dînant avec Casanova, avait fort impressionné celui-ci en ne touchant pas aux mets. Christian Cambuzat, qui professe que nous devons « faire la peau » aux repas du soir, m'a souvent conseillé de prendre exemple sur ce frugal Saint-Germain, dont il a choisi le portrait pour emblème de son Centre de revitalisation du Mont-Pèlerin — si proche à vol d'oiseau de la villa Diodati où Byron et Shelley, vivifiés par le bon air du lac Léman, ont bu force bouteilles de fendant ; hélas ! j'en suis bien incapable, et c'est sans doute le seul point sur lequel je ne m'accorde pas avec mon cher Byron : je serais plutôt du genre Casanova, dont l'appétit était toujours triomphant, dont ses amis disaient qu'il valait mieux l'avoir en portrait qu'en pension, et qui avait obtenu en février 1744 du pape Benoît XIV une dispense de manger maigre, à cause que le poisson lui enflammait les yeux *(sic)*. J'admire beaucoup *le Corsaire,* mais je suis loin de partager l'exemplaire sobriété de Conrad : « Jamais pour ses lèvres la coupe vermeille ne se remplit : elle passe devant lui sans qu'il y goûte. Quant à la nourriture, le plus rude de ses matelots la laisserait à son tour passer sans y toucher : le pain le plus grossier, les plus simples légumes du potager, et parfois le luxe estival des fruits, son court repas surpasse en humilité tout ce dont un ermite se contenterait à peine. »

Aux antipodes des patates au vinaigre de chez Samuel Rogers, il y a, dix ans plus tard, le dîner donné par la comtesse de Blessington dans une auberge de Gênes, où Byron fait honneur aux plats. Voyant l'œil étonné de la jeune femme, qui ne s'attendait pas à un si solide coup de fourchette, Byron s'excuse, en riant, de sa voracité : « Pour tout vous avouer, dit-il, j'ai suivi un régime très sévère pendant plusieurs mois, ne mangeant que des légumes ; et à présent que je me trouve devant un bon dîner, je ne résiste pas à la tentation, bien que je sois sûr de m'en trouver incommodé demain, car cela m'arrive après tous mes repas extraordinaires. »

L'œuvre de Byron se confondant avec sa vie, il est naturel que nous retrouvions dans ses livres cette alternance de jeûne et de bombance, de sobriété et de soûlographie — et, d'une manière générale, l'attention extrême qu'il portait à tout ce qui touche la cuisine. Le lecteur de *Don Juan* assiste aux amours débutantes de Haïdée et de Juan, et aussi à leur premier repas : des œufs, des fruits, du café, du pain, du poisson, du miel et du vin de Scio, petit déjeuner roboratif, riche en protéines, et donc exemplaire. Dans *Sardanapale,* Byron raille les conquêtes militaires de Bacchus, et affirme que ce ne sont pas elles qui l'ont déifié, mais le vin, « l'immortel raisin dont le premier il exprima l'âme, et qu'il nous donna pour réjouir la nôtre » :

> *But here, here in this goblet is his title*
> *To immortality — the immortal grape*
> *From which he first express'd the soul...*

Cependant, au combat, le roi Sardanapale découvre les vertus de l'eau, qui a renouvelé ses forces mieux que ne l'aurait fait de l'alcool : « A dater de ce jour, je garde le vin pour l'amour et l'eau pour la guerre. » Le jeune Juan, lui aussi, passe dans *Don Juan* de la célébration de l'eau de Seltz à celle du vin du Rhin, du « bordeaux léger », et de « l'énergique madère ». Byron évoque à plusieurs reprises le féroce appétit de Juan, loue les vertus aphrodisiaques des huîtres et des œufs, mais il met ses lecteurs en garde contre le « goût » qui, dit-il, conduit souvent à la « goutte » : lorsqu'il rencontrera Alfred d'Orsay, Byron refusera de lui parler en français, mais, on le voit, il ne dédaigne pas, quand l'occasion s'en présente, de faire des jeux de mots dans notre langue. Donc, mise en garde contre la goutte, « cette rouille héréditaire qui s'attache aux gonds de l'aristocratie », et Byron rejoint là Montaigne écrivant que la gravelle est une maladie qui ne frappe que les gentilshommes : chaque fois que j'ai une crise de cette espèce, j'ai une bouffée de reconnaissance pour Montaigne et Byron. Il y aurait un joli sujet de thèse, qui devrait bien inspirer quelque membre de la Byron Society, et qui pourrait s'intituler : *Snobisme et acide urique*.

Au quinzième chant de *Don Juan*, Byron se lance dans une description, mi-gourmande et mi-moqueuse, d'un festin trimalcionesque ; puis, se souvenant soudain de la balance sur laquelle il se pèse chaque matin : « Dois-je oublier sur ma carte les simples olives, le meilleur accompagnement du vin ? Il le faut, et pourtant elles ont été un de mes plats favoris, en Espagne, à Lucques, à Athènes, partout. J'ai souvent eu la chance de dîner avec des olives et du pain, ayant le gazon pour table, en plein air, sur le Sunium ou l'Hymette, comme Diogène, à qui je dois la moitié de ma philosophie. »

Oui, c'est cela : une moitié à Diogène, et l'autre moitié à Aristippe. « Bacchus et Cérès sont liés de longue date avec la vivifiante Vénus, qui leur doit l'invention du champagne et des truffes : la tempérance la charme, mais un long jeûne l'effarouche. » Les olives et le pain, c'est le côté Diogène de Byron ; le champagne et les truffes, c'est son côté Aristippe. Le champagne, qui était la seule boisson qu'il supportait qu'une femme bût en sa présence, et la salade de homard le seul mets qu'il supportait qu'elle mangeât. Cela dit, Byron était plus familier des bulles de l'eau gazeuse que de celles du champagne, qui lui donnait mal à la tête. Il lui arrivait de boire jusqu'à quinze bouteilles d'eau de soda en une seule nuit, et, raconte-t-il, ne prenait pas même le temps de les déboucher : il en brisait les goulots, « pressé que j'étais par l'impatience fiévreuse de la soif ».

Le bonheur est un point d'organisation. Que ce fût en Angleterre, en Orient ou en Italie, Byron avait une vie extrêmement réglée. C'était un homme d'habitudes, qui aimait la routine et détestait ce qu'il appelait être détourné de son chemin *(put out of his way)*. Tous ceux qui ont vécu avec lui ont été frappés par l'uniformité de son existence. « L'histoire d'un jour est celle de presque tous : il est difficile de concevoir une vie plus uniforme que celle de lord Byron », écrit Medwin. Lady Blessington observe, elle aussi, cette tendance de Byron à se laisser dominer par ses habitudes. Byron lui a dit un jour, à ce sujet : « La moindre infraction à mon genre de vie ordinaire et le plus léger amendement dans l'emploi de mon temps me sont insupportables. » Les esprits libres sont souvent des maniaques, car plus un homme a une nature fantasque, ombrageuse, contrastée, indécise, versatile, et plus il a besoin, s'il ne veut pas sombrer, de se fixer des repères, des *regulae ad directionem vitae*, et de s'y tenir ferme. Chez un écrivain, cela est vrai du style (« Au bord de l'abîme, je me raccroche au point virgule », ai-je avoué dans *Vénus et Junon*), cela l'est aussi du style de vie.

A cet égard, la vie de Byron à Venise, telle qu'elle s'est promptement organisée, dès son arrivée en novembre 1816, est exemplaire : le matin, il visitait les moines de Saint-Lazare, avec lesquels il étudiait l'arménien et argumentait sur certains points de théologie ; l'après-midi, il faisait l'amour, nageait, se promenait à cheval sur la plage du Lido ; le soir — nonobstant son hypocondrie et sa timidité — il voyait ses amis ; la nuit le rendait à ses insomnies, et à son œuvre. Encore devait-il se reprocher, plus tard, d'avoir pris une part trop grande à « l'indolence efféminée » de Venise, aux « dissipations de cette ville de luxe », et d'avoir éreinté ses chevaux dans les sables profonds du Lido.

Ses jeunes amantes lui reprochaient d'être capricieux, insaisissable, « volage comme le vent », *fickle as wind*, ainsi qu'il s'est lui-même décrit dans *Heures de loisir*. Hélas ! s'il ne l'avait pas été, elles l'auraient dévoré tout cru. C'était son indépendance, sa liberté, qu'il préservait sous cette carapace de vieux garçon impatient, atrabilaire et maniaque. S'il a rompu avec Margarita Cogni, s'il l'a fichue à la porte du palais

Mocenigo, ce n'est pas parce qu'il avait cessé de désirer cette fille superbe et sensuelle, qui assurément lui donnait beaucoup de plaisir, mais parce qu'elle était envahissante, voulait lui imposer son rythme de vie, et prétendait tout régenter. Ce furent des raisons analogues qui, quelques années auparavant, à Londres, contraignirent l'écrivain à rompre avec la despotique et exténuante lady Caroline Lamb.

La comtesse de Blessington insinue qu'il était un cavalier médiocre et craintif. Cela est possible, encore que Medwin, lui, tienne qu'il était « excellent écuyer ». En revanche, personne parmi les plus vipérins de ses zoïles n'a nié qu'il était un bon nageur. Byron a toujours adoré offrir son corps aux rayons du soleil et à la fraîcheur de l'eau. C'était un lézard, *a lazy lizard,* au gré duquel il ne faisait jamais trop chaud. « C'est le climat de l'Orient ; c'est la terre du Soleil », s'exclame-t-il à la première page de *la Fiancée d'Abydos,* dans sa description du pays où « tout est divin » ; et dans *Beppo* il dit que s'il est heureux en Italie, c'est parce qu'il aime « à voir le soleil se coucher avec l'assurance qu'il se lèvera demain... que la journée sera belle et sans nuage ». Le sport en chambre qu'il pratiquait assidûment avec les jeunes personnes ne le distrayait pas de cet autre sport qu'est la natation : ces deux activités se conjuguent à merveille, et si Byron, surmontant son aversion de la France, était venu à Paris, il y aurait fait des ravages parmi les jolies poules d'eau de la piscine Deligny (qui existait déjà de son temps). Il gardait un souvenir ébloui de la thalassothérapie ottomane, et, de Bologne, le 12 août 1819, il écrira à Murray une lettre où il évoque les bains turcs, « ce marmoréen paradis du sorbet et de la sodomie ».

Lorsqu'il crawle, il oublie son pied bot. Tout jeune

homme, il traverse Londres à la nage, sous la surveillance de son professeur de boxe, le fameux Gentleman Jackson. En Orient, dans une lettre à Henry Drury du 3 mai 1810, il raconte comment, ce jour-là, renouvelant l'exploit de Léandre, il a traversé l'Hellespont à la nage, de Sestos à Abydos, en une heure et dix minutes. Plus tard, à Venise, où le petit peuple l'a surnommé « le poisson anglais » et « le diable marin », il nagera du Lido à l'extrémité du Grand Canal (à peu près jusqu'à l'église Saint-Siméon, qui se trouve en face de l'actuelle gare ferroviaire), restant quatre heures dans l'eau sans toucher terre ni se reposer dans une embarcation. « Toutefois, note-t-il, l'eau de la lagune est trouble, et il n'est pas agréable de s'y baigner. » C'est à Ravenne qu'il écrit *les Deux Foscari*, et il a mis beaucoup de lui-même dans le personnage de Jacopo : « ... frappant les ondes avec vigueur, écartant les flots d'écume qui m'entouraient, je poursuivais ma route, pareil à un oiseau de la mer. » Deux ans plus tard, à Gênes, il écrit *l'Ile* où, s'identifiant à Neuha, il exprime une nouvelle fois sa nostalgie des pieds agiles que lui a refusés la Nature, et le sentiment que, lorsqu'il nage, ceux-ci lui sont miraculeusement rendus : « La jeune Neuha avait plongé dans l'abîme, et Torquil l'avait suivie : elle nageait dans sa mer natale comme si c'eût été son élément, tant elle progressait avec aisance, grâce et brio, laissant un sillon de lumière derrière ses talons, dont les coups étincelaient tel un acier amphibie. »

L'eau, c'est la liberté. Qu'il s'agisse du baptême chrétien ou de la barque païenne de Charon, nos rites de passage sont volontiers aquatiques. L'eau purifie, et féconde ; elle nous met hors d'atteinte. Il n'y a que la mort qui puisse nous délivrer aussi totalement de la pesanteur. La mer et la mort sont les deux visages d'une libération unique, d'une même résurrection. Edmond Dantès — ce héros byronien type —, brisant ses chaînes, plonge dans la mer, et, par les sortilèges de la Méditerranée, en émerge comte de Monte-Cristo. Napoléon — autre héros byronien — échange la toute-puissance impériale contre la prison de Sainte-Hélène. Ces deux destins opposés sont néanmoins semblables. Sainte-Hélène et Monte-Cristo, ces deux îles échappées d'une page de Byron, font, l'une et l'autre, partie de notre sensibilité, de notre rêverie, de notre mémoire. Ce n'est pas seulement dans la mythologie grecque, c'est aussi dans la vie, que Léandre, pour rejoindre Héro, prêtresse de Vénus, et atteindre à l'immortalité, doit traverser le détroit à la nage. Pâque, en hébreu, signifie le passage. La vie conçue comme un perpétuel embarquement. Partir, le plus beau mot de la langue française. « To go away », « to leave », en anglais, ce n'est pas mal non plus...

A rester si longtemps dans l'eau, « in the blue depth of the waters » *(Manfred),* Byron attrapera parfois la crève, comme le jour de l'incinération de Shelley, le 15 août 1822, sur une plage proche Viareggio, où, après la macabre cérémonie, il se jette à la mer et nage jusqu'à son yacht. Soudain, il est envahi par une de ces fièvres qu'il a rapportées d'Orient et qui parfois le terrassent. Dès son retour à Pise, il se fait préparer un bain chaud. « Je suis sujet aux fièvres, explique-t-il à Medwin, et celle-ci ne m'effraye pas. Elle cédera au bain chaud, mon remède accoutumé. »

Son remède accoutumé, ou plutôt son remède universel. Byron soigne tout par les bains chauds : ses fièvres, ses chagrins d'amour, ses kilos surnuméraires, ses cuites, ses rhumatismes. Un mois après la crémation de Shelley et la fièvre soignée au bain chaud, Byron écrit à Hobhouse : « J'ai eu à lutter quelque peu contre des rhumatismes, mais, à force d'opodeldoch et de bains chauds, j'ai provisoirement remporté la victoire sur les flanelles. » Byron est un des deux héros de la littérature occidentale qui soignent leurs rhumatismes avec de l'opodeldoch — l'autre étant le brave soldat Chveik.

Il n'y a pas que le corps qui soit atteint. Dans son journal intime, Byron revient souvent sur son âme tourmentée, ses crises de désespoir, sa mélancolie, qui l'empêchent d'être heureux : « Ce qui m'envahit chaque jour davantage, note-t-il le 2 février 1821, c'est une paresse et un dégoût plus puissant que l'indifférence ; si je m'en sors, c'est par des accès de fureur. » Il tente aussi de s'en sortir en s'organisant une existence agréable et contrastée : les olives et les truffes, le vin de bordeaux et l'eau de soda, les jeunes personnes et les vieux moines, la brûlure du soleil et la fraîcheur de l'eau. D'un naturel hypocondriaque, il n'aime pas assez la vie pour supporter autre chose que le bonheur ; mais le bonheur le fuit : s'il a la vie d'un heureux, il ne l'est pas ou, s'il l'est, ce ne sont que des instants fugitifs, des étoiles dans la nuit. Alors, pourquoi pas le suicide — ce suicide qui est obsessionnellement présent dans son œuvre ? Oui, le suicide, pourquoi pas ? A cause de l'écriture et de l'amour, sans doute. Peut-être aussi parce que ce sceptique qui ne croit qu'aux dieux d'Épicure a peur de l'enfer chrétien. Dans *le Difforme transformé,* le diable dit à Arnold, après qu'il l'a empêché de se tuer : « Si j'étais le diable, comme tu le crois, un moment de plus, et ton suicide t'aurait livré à moi pour toujours. »

La mort volontaire nous affranchit ; le voyage également. Se jeter du haut des falaises de Dieppe, ou prendre l'avion pour Manille, c'est un peu la même chose. Bon nombre de candidats au suicide, si on leur proposait un billet d'avion pour une île lointaine, choisiraient le billet d'avion. Ce que désirent la plupart des suicidés, ce n'est pas mourir, c'est que leur situation se modifie, prenne une autre forme. Le suicide ou les Philippines, c'est la même échappée, la même fuite. Partir pour Manille, c'est-à-dire de l'autre côté de la planète, ou partir, en se donnant la mort, de l'autre côté du miroir, la démarche est identique. C'est le même désir de rupture, la même volonté d'aller vers l'autre face des choses.

Après *Heures de loisir* et *les Bardes d'Angleterre,* Byron a son compte de réactions hostiles, moqueuses, dénigrantes. Si bronzé qu'il soit, ou croit l'être (comme dirait Medwin), il souffre de ces débordements contre lui ; mais le meilleur élixir pour se dépiquer des jugements du monde est de ne pas s'y attarder : aboyé de tous, il part pour l'Orient. Il a trop lu Sénèque pour ne pas savoir que, si loin qu'on aille, on n'échappe pas à ses spectres. « La fuite ne détruit pas le passé », dit Myrrha dans *Sardanapale*. Cependant, mettre des kilomètres entre soi et les femmes qui vous ont trahi, entre soi et les gens qui écrivent des méchancetés sur vous, entre soi et la pesanteur du monde, c'est créer une situation vierge, impollue ; c'est être moins vulnérable. Dans le post-scriptum à la deuxième édition de ses *Bardes,* Byron note ironiquement qu'il sait que *la Revue d'Édimbourg* prépare une nouvelle attaque contre lui, mais qu'il s'en fiche, parce que lorsque cet article paraîtra il aura franchi le Bosphore, et qu'avec les insultes il allumera sa pipe en Perse. Il n'aura pas à aller si loin, et c'est au large des côtes turques, à bord de la frégate *la Salsette*, qu'il écrira à Henry Drury : « La Méditerranée et l'Atlantique roulent entre moi et la critique ; et les foudres de *la Revue hyperboréenne* sont assourdies par les grondements de l'Hellespont. » L'article — abject — de l'*Edinburgh Review* sur *Heures de loisir* lui avait fait mal. « Byron, en le lisant, fut atterré », écrit André Maurois. Il s'est revanché en publiant *les Bardes*, mais aujourd'hui, voguant sur les eaux de cette Méditerranée dont, enfant, adolescent, il a tant rêvé, les sous-raclures d'encrier qui le brocardent dans les feuilles lui semblent loin, dérisoirement loin. Tels sont les effets lénitifs d'un déplacement dans l'espace, de ce « puissant stimulant » (Byron) qu'est le voyage. *Ecce elongavi fugiens...* chante le Psalmiste. Celui qui s'est enfui dans les îles bienheureuses, les jappements des roquets ne l'atteignent plus, ni leurs morsures. Onze ans plus tard, exilé à Ravenne, Byron priera Murray, son éditeur, de ne lui envoyer aucune coupure de presse, aucun article, aucune opinion sur aucun de ses livres, car « hors d'atteinte des tentacules trop courts de l'Angleterre littéraire » il désirait rester pur du venin de ce poulpe.

Byron écrit de Juan qu'il a « comme Alcibiade, l'art de s'accommoder, sans effort, à la manière de vivre de tous les climats ». Soit, mais certains cieux sont plus propices que d'autres à la félicité. C'est en Orient que Byron a connu le bonheur, la « vita beata », et à peine de retour à Londres, il n'aura plus qu'un désir : repartir. En 1811, au témoignage de Dallas qui était alors très proche de lui, « il parlait de vendre Newstead, et d'aller résider à Naxos, dans l'Archipel : d'adopter le costume et les mœurs du Levant... » Ces mœurs du Levant, ce sont celles, traditionnelles, du *Mare Nostrum,* découvertes à Harrow, au dortoir d'abord, mais aussi en classe de latin-grec. Dans le poème *Souvenirs d'enfance,* où il évoque sa vie d'écolier, Byron s'exclame : « Ami de mon cœur, le premier entre ceux dont la société faisait mes délices, que de fois nous avons bu ensemble à la source de la sagesse antique sans pouvoir étancher notre soif ! » Dès l'âge des culottes courtes, il a eu un goût très vif de la civilisation romaine, et, le 14 avril 1824, cinq jours donc avant sa mort, souffrant déjà d'atroces douleurs à la tête, au foie, aux jambes, il dira à Pietro Gamba que, pour se prouver à lui-même qu'il ne perd pas la mémoire, il s'est récité des vers latins, jadis appris à l'école, et qu'il se les est très bien rappelés, sauf le dernier mot d'un des hexamètres. Il était également féru des Grecs, et l'influence d'Anacréon est manifeste dans *Heures de loisir ;* néanmoins son premier maître dans l'art de vivre fut Horace, qui demeurera toujours — c'est un trait que Byron a en commun avec Casanova — l'auteur auquel il se référera le plus volontiers, qu'il citera le plus souvent, et dont, lors de son séjour athénien de 1811, il a traduit et transposé sous le titre *Souvenirs d'Horace* le *De arte poetica,* dont il avait déniché un exemplaire dans la bibliothèque du couvent des Capucins, où il vivait entouré d'enfants de chœur d'un style un peu particulier. En outre, il fut, dès son adolescence, un lecteur passionné de Gibbon, et sa passion pour Rome est comme resserrée dans ces beaux vers de *Childe Harold* (IV, 78) :

> Ô Rome ! ma patrie ! cité de l'âme !
> Les orphelins du cœur doivent se tourner vers toi,
> Mère solitaire d'empires morts, et réprimer
> Dans leurs poitrines closes leurs pauvres douleurs.

C'est aux Romains, à ses chers Romains, que Byron doit son attirance pour le *Mare Nostrum,* la fascination qu'exerce sur lui l'Orient méditerranéen. Là-bas, entre une audience chez le gouverneur turc et un mariage grec, son premier pèlerinage sera pour le champ de bataille d'Actium. Byron éprouvait une grande admiration pour Antoine qui, du temps de sa prospérité, avait fondé avec Cléopâtre, à Alexandrie, une association dite de la « Vie inimitable », et, après leur défaite d'Actium, une autre, « qui ne le cédait en rien à la première ni en mollesse, ni en luxe, ni en magnificence » (Plutarque), la société de « Ceux qui meurent ensemble ». Antoine, le nouvel Alexandre, Antoine, l'inventeur de la poésie en politique, Antoine le fabuleux, qui s'identifiait à Bacchus... Quand Byron, dans *Sardanapale,* tracera, par le truchement du roi, un portrait de Bacchus, c'est le portrait d'Antoine qu'il trace. Mieux, c'est un autoportrait : « Remplissez ma coupe jusqu'aux bords ! Voilà qui est bien. Je suis ici dans mon vrai royaume, parmi ces yeux brillants et ces visages tant heureux que beaux ! Ici la douleur ne peut nous atteindre. »

« Ici la douleur ne peut nous atteindre », *Here sorrow cannot reach...* Toute l'œuvre de Byron exprime cette nostalgie de lieux protégés, de places fortes et tendres, faits pour l'amour, le plaisir, l'insouciance, et où le malheur n'a pas droit de cité : le palais de Sardanapale, le jardin d'Éden avant l'exil des parents de Caïn, la paisible demeure de corail du troisième génie dans *Manfred,* les plages aux sables brûlants que Harold, fuyant sa froide patrie, espère découvrir de l'autre côté des mers, l'île fortunée où Haïdée et Juan vivent dans la licéité leurs amours interdites, la grotte sous-marine où Neuha cache l'homme qu'elle aime, sanctuaire de l'amour, asile inviolable, *a chapel of the seas*. Ces palais, ces rivages, ces îles, ces grottes sont les multiples visages de la Méditerranée où Byron a appris à savourer, en toute innocence, des plaisirs qui, depuis qu'il avait quitté le collège, étaient devenus des plaisirs impossibles ou du moins, dans la puritaine Angleterre, dangereux. « Je ne vivrai jamais en Angleterre, si je puis l'éviter. *Pourquoi ?* Cela doit demeurer secret », écrit-il à Hanson, peu de temps avant son départ. Et, le 25 juin 1809, de Falmouth, il informe plaisamment Henry Drury que, bien qu'il ait posé la plume (Byron annonce régulièrement qu'il va cesser de publier, c'est chez lui un vrai tic), il va mettre à profit son voyage en Méditerranée pour écrire un essai qu'il se propose d'intituler *Les rudiments de la Sodomie et les bienfaits de la Pédérastie selon les auteurs anciens et la pratique moderne*. Nourri des Grecs et des Romains, Byron est las de les étudier dans des grimoires ; n'ayant pas de dispositions pour la connaissance abstraite, il a hâte de mettre leur enseignement en pratique, et de vérifier personnellement si Lucien de Samosate dit vrai, lorsqu'il écrit : « Dans l'Ile des Bienheureux, les petits garçons accordent tout ce qu'on désire et ne se refusent jamais à rien. »

Dès son arrivée à Lisbonne, Byron se lancera à corps perdu dans des travaux pratiques en vue de son traité néo-byzantin sur le sexe des anges : que ne ferait-il pas pour la science ! Moins d'un an après son départ, il possède déjà bien son sujet, et peut, dans une lettre à Henry Drury du 3 mai 1810, opérer un premier bilan de ses recherches : « En Angleterre, les vices à la mode sont les prostituées et la boisson, en Turquie, la sodomie et le tabac ; nous préférons une fille et une bouteille, eux une pipe et un giton. » Le « nous » est ici en manière de plaisanterie, Byron n'ayant, jusqu'à sa mort, jamais manqué une occasion d'affirmer que, pour les mœurs et l'art de vivre, il se sentait Turc, et non Anglais.

Il y a donc chez Byron, et elle suffit à justifier les fatigues et les dangers d'un lointain voyage, cette vision eudémoniste, paradisiaque, des Iles Bienheureuses, où les indigènes — encore préservés des brutalités et des lois morales de la prétendue civilisation européenne que symbolisent, dans *The Island,* le navire britannique et sa discipline coercitive — se la coulent douce, se dorant au soleil sur des plages de sable vierge, savourant des fruits qui se laissent cueillir sans effort, vivant des amours innocentes, et où le voyageur peut assouvir la plénitude de ses désirs et de sa liberté.

L'envie de coucher avec des moins de seize ans — de coucher sans trembler — est une des raisons de l'attirance de Byron pour l'Europe du Sud et l'Orient méditerranéen ; elle n'est pas la seule. Dans son cœur, les jeunes personnes qu'il espère connaître coexistent avec celles qu'il souhaite oublier. Partir, c'est échapper aux douloureux fantômes, à l'adolescente traîtresse et à son beau visage perfide. Habiter la même ville qu'elle, c'est se condamner à ne jamais guérir, à toujours soupirer après les bonheurs évanouis. Dans maints poèmes, *A une dame qui me demandait pourquoi je quittais l'Angleterre au printemps, Ne me fais pas ressouvenir,* Byron décrit dans la langue simple, émouvante, qui de Catulle à nos jours est celle des amants malheureux (quand ils ont un talent d'écrivain), son désir d'échapper à la tentation de revoir la maîtresse infidèle, de fuir tout ce qui remémore le passé, et, tel Adam chassé du paradis, d'apprendre, après avoir erré sous de lointains climats, à supporter son fardeau de douleur :

> Ne me rappelle pas, ne me rappelle pas,
> Ces heures chéries, ces heures disparues,
> Où toute mon âme se donnait à toi...

Vue de l'Archipel grec, Mary Chaworth avec laquelle le poète a été heureux dans une grotte du Derbyshire, semble bien lointaine, presque irréelle. C'est le *Here sorrow cannot reach...* de Sardanapale. Cependant, il ne suffit pas de partir pour cesser de souffrir, et le voyage est *aussi* une illusion, puisque, si loin qu'on aille, on n'échappe pas à soi-même, ni à ces blessures dont parle Byron dans *le Giaour,* que le temps ne guérit jamais, *The wound that time can never heal.* La grotte où, à quinze ans, Byron a embrassé Mary Chaworth, sera le modèle autobiographique de tous les lieux cachés où, dans son œuvre, les amants clandestins se réfugient ; et de longues années après leur rupture, Mary Chaworth — qui ne s'appelle plus Chaworth, mais Musters, nom du crétin avantageux qu'elle a épousé — inspirera toujours à Byron des poèmes, où il criera son impuissance à l'oublier : « Il y a longtemps que je n'ai vu ces yeux qui faisaient ma félicité ou mon malheur ; et j'ai essayé de n'y plus penser, mais en vain, car bien que je fuie la terre d'Albion, je ne puis aimer que toi... Et je franchirai la blanchissante écume, et j'irai à l'étranger en quête d'une patrie ; jusqu'à ce que j'aie oublié ton beau visage trompeur, *false fair face,* nulle part je ne trouverai le repos : je ne peux chasser mes noires pensées ; je suis condamné à aimer, et à n'aimer que toi. »

Le train de maison de Byron a toujours alterné le faste et la dèche. Byron a connu les spacieuses demeures, les domestiques, les chevaux, la richesse ; il a aussi connu les appartements vidés par les huissiers, la bourse plate, le dénuement. *Never mind !* Que l'on habite un hôtel particulier ou un galetas au sixième étage, l'essentiel est de tenir le haut du pavé, de demeurer supérieur aux événements. Un fils de roi reste un fils de roi, indépendamment des variations de son compte en banque. Nietzsche dans ses minables pensions de famille niçoises est Nietzsche ; et la noblesse russe d'après la Révolution dans ses chambres de bonne du XVe arrondissement de Paris est toujours la noblesse russe. Byron est un sybarite, mais un sybarite spartiate, qui raffole des truffes et du champagne, mais qui n'en aime pas moins le pain noir et l'eau fraîche ; qui dort aussi bien à la dure que sur des coussins de plumes ; qui est heureux dans le luxe et qui est heureux dans le dépouillement. Ce sont les petits bourgeois qui rêvent, en jargonnant, de « standing » et de « niveau de vie » ; les cœurs aristocratiques, eux, parce que la « high life » est leur élément naturel, comme l'eau celui de Neuha, s'en passent aisément, — l'important à leurs yeux étant ailleurs.

Lors de son premier voyage en Orient, Byron sera contraint de renvoyer en Angleterre son valet de chambre Fletcher, qui s'était rendu insupportable à force de soupirer après son confort, sa femme, sa bière, et le diable sait quoi : « Je ne puis dire que son départ est une perte : ses lamentations perpétuelles après le bœuf et la bière, son stupide et fanatique mépris pour tout ce qui est étranger, les aises dont il avait besoin (beaucoup plus que moi), les pilafs (plat turc de riz et de viande) qu'il ne pouvait manger, les vins qu'il ne pouvait boire, les lits où il ne pouvait dormir, et la longue liste des calamités qui l'assaillaient, tels que les chevaux qui bronchent et le manque de *thé !* »

Ce sont toujours les gens de peu — qu'ils soient des pauvres ou des nouveaux riches — qui réclament, qui rouspètent, qui ne sont jamais contents. Byron, lui, professait avec Marc Aurèle que « rien de ce qui est fatal ne doit nous paraître cruel ». Touchant l'argent, sa philosophie était qu'il est bon d'en posséder suffisamment pour n'avoir plus à y penser. Il est vrai qu'en ce qui regarde Byron, les autres y pensaient pour lui. L'été 1823, alors qu'il s'embarquait pour la Céphalonie à bord du *Hercule,* il recevra des lettres du métropolite Ignace de Arta (Byron a toujours eu un faible pour les archevêques orthodoxes) lui expliquant que ce que les patriotes grecs attendaient principalement de Sa Seigneurie, c'était de l'argent : ... *what they most seem to desire is Money, Money, Money.* Un siècle et demi plus tard, Liza Minelli chantera la même chose, et cependant *Cabaret* n'est pas un film sur la guerre d'indépendance grecque.

Quand Byron, traversé de dettes, était réduit par des créanciers et des chats fourrés à vendre ses meubles, ses effets personnels et jusqu'à sa bibliothèque, il n'avait pas l'esprit disponible pour l'amour, l'écriture, le soleil, bref, pour les choses importantes de l'existence. En revanche, dès que l'intendance suivait, la nature insouciante de Byron — *amor fati* — reprenait promptement le dessus. L'argent est fait pour être dépensé. Un jour, il n'y en aura plus ? Eh bien ! alors nous aviserons. Un homme du monde, qui est en outre un écrivain et un esprit libre, a toujours en réserve une ultime alternative : le suicide ou un riche mariage. Est-ce d'ailleurs une alternative ? Entre ces deux termes, la différence est de peu. Mes lectrices se souviennent de la phrase de Rozanov placée en épigraphe à *Isaïe réjouis-toi :* « Je parlais du mariage, du mariage, du mariage, et c'était la mort, la mort, la mort qui venait vers moi. » J'aurais pu citer celle-ci, écrite par Byron à Hanson, le 17 décembre 1808 : « Je suppose que je finirai soit par me marier avec une poupée en or soit par me faire sauter la cervelle, peu importe, les deux remèdes se ressemblent beaucoup, *the remedies are nearly alike*. »

Honnête Hanson ! Quand Byron, à la même époque, lui déroule les raisons qu'il a de voyager en Orient, il ne lui parle pas des petits garçons ; il n'évoque qu'un prétendu désir d'étudier la politique asiatique et de mûrir ainsi son jugement. « Comme vous le voyez, je suis *sérieux* », conclut-il, pince-sans-rire. J'imagine mal la tête qu'a faite Hanson en lisant cette lettre ; je sais fort bien celle qu'avait Byron en l'écrivant. Il y a néanmoins dans cette lettre du 18 septembre 1808 destinée à embabouiner Hanson, à rouler l'homme d'affaires dans la confiture, une phrase juste : celle où Byron développe l'idée que la vie en Orient est beaucoup moins chère qu'en Europe. Aux Iles Bienheureuses, le bonheur n'est pas seulement licite : il est également bon marché. Dans les pays pauvres, un voyageur européen qui, à Londres ou à Paris, est serré de bourse, fait figure de Crésus, et soutient un train de vie seigneurial qu'il ne pourrait pas se permettre dans son pays. Si l'argent figure la liberté, c'est dans ces terres d'Orient que l'homme peu fortuné se sent le plus libre. Sur les rives du *Mare Nostrum*, en Asie Mineure, Byron dépensait moins en six mois qu'à Londres en six semaines. Pour un artiste, être souvent absent n'est pas, Monsieur le Percepteur, une preuve d'opulence : c'en serait plutôt une de gueuserie. On ne saurait sur ce point s'exprimer plus clairement que Byron, écrivant dans son journal intime, le 22 novembre 1813 :

« Je ne sais ce qu'on entend par liberté, ne l'ayant jamais vue, mais la richesse est, dans le monde entier, le pouvoir ; et comme un shilling vaut une livre (avec en outre le soleil, le ciel et la beauté pour rien) en Orient, — *voilà* mon pays d'élection. »

Le désir des corps de l'extrême jeunesse, le désir d'échapper à l'ivresse du vin perdu, le désir de mettre des kilomètres entre ses ennemis et soi, le désir de vivre à moindres frais, sont, chez Byron, corroborés par un cinquième désir, qui est celui de faire son œuvre, et qui, lui aussi, est une toute-puissante invitation au voyage. A Londres, Byron est assailli par la foule de celles et de ceux dont l'unique ambition est de lui dévorer son temps : maîtresses, raseurs, admirateurs, femmes du monde... Cette meute de chronophages trouve des alliés dans la paresse, le spleen, les angoisses de l'écrivain qui, bien qu'il râle, est secrètement enchanté que des sollicitations de toutes sortes viennent le distraire de sa solitude, et de l'ascèse du livre à écrire. A Londres, Byron ne sait pas travailler : la nuit il sort, le matin il dort, l'après-midi il traîne, et les journées s'écoulent à des riens, d'où marasme et mécontentement de soi. Ses solitudes délicieuses du rivage méditerranéen le rendent à lui-même, et à l'écriture. Lorsqu'il est *ailleurs,* ce n'est plus le temps qui le ronge — « Quand Paphos fut détruite par le Temps — maudit Temps ! » (*Childe Harold,* I, 66) —, c'est lui qui maîtrise le temps, et chaque journée est une journée pleine, féconde, créatrice : « Carpe diem, Juan, carpe, carpe ! » (*Don Juan,* XI, 85). Ce n'est pas en Angleterre, c'est à l'étranger que Byron aura écrit ses plus beaux livres : *Childe Harold, Manfred, Sardanapale, Caïn, Don Juan...* Partir le délivre des grosses mouches bleues de la dispersion et de leur bourdonnement obscène ; partir le délivre de cet enfer sur la terre qu'est la vie éparpillée, atomisée ; partir le rend à sa vérité intérieure, à l'unité du cœur, de l'âme et du temps, qui est le salut.

3

Né pour l'opposition

Byron avait un tempérament de droite, et des idées de gauche. Sa prétention à la haute noblesse, son style de vie hédoniste, son égoïsme d'airain, auraient pu faire de lui un réactionnaire, un garde-blanc ; mais sa générosité naturelle, son goût de la liberté et de la justice, sa curiosité de perpétuel voyageur, sa connaissance des classes inférieures de la société que lui valaient certaines de ses aventures amoureuses, fléchirent très tôt cette humeur patricienne, et les opinions politiques de Byron furent toujours celles d'un libéral, voire d'un subversif.

S'agissant de Byron, ce vocabulaire doit être utilisé avec circonspection. L'adjectif « libéral » a pris aujourd'hui un sens modéré, bourgeois, qui n'exprime guère le besoin sauvage d'indépendance qui animait Byron — pour lui et les êtres qu'il aimait. Quant aux « opinions politiques », Byron n'avait aucune disposition pour les concepts, les idées, et une cause ne le touchait que s'il en avait une expérience intime. A l'aube de sa vie publique, dans son discours sur les briseurs de machines à la Chambre des lords, il a clairement expliqué qu'il ne prenait la parole que parce qu'il avait une connaissance personnelle des malheurs du comté de Nottingham (*as a person in some degree connected with the suffering county*) et avait vu, de ses yeux vu, ces malheureux « maigris par la faim, plongés dans un sombre désespoir, entourés de leurs enfants auxquels ils ne peuvent plus procurer de pain, même au péril de leur vie ». Ce que, ce jour-là, il n'a pas dit, c'est qu'il avait une raison plus passionnelle encore de prendre la défense de ces ouvriers en révolte : les troupes chargées de la répression — une répression féroce — étaient commandées par le capitaine John Musters, son rival heureux dans le cœur de Mary Chaworth.

Défendre une cause, pour Byron, c'était échapper à soi-même, et au « poids oppresseur de l'orgueil solitaire » (*Don Juan,* XIII, 19) ; pourtant, il n'y échappait pas, car en politique comme ailleurs il ne s'intéressait qu'à ce qui le captivait : tout ce qui n'était pas ses passions l'ennuyait. L'amour du lointain n'était pas son fort, ni les généralités sur le droit : seuls le retenaient les cas particuliers. Il ne s'animait que pour ses idées fixes. Le reste ne lui était qu'un brouillard indifférent.

Dès sa jeunesse, Byron a posé sur l'homme un regard sans illusion. Il a vingt ans lorsque, dans un poème à la gloire de son chien (Byron pensait, comme son lecteur Schopenhauer, que le chien est notre unique ami, le seul en lequel nous puissions avoir une confiance entière), il écrit : « Ô homme ! faible créature d'une heure, avili par l'esclavage, ou corrompu par le pouvoir, quiconque te connaît doit te quitter avec dégoût, vile masse de poussière animée ! » Sa pensée ne variera pas, et, trois ans avant sa mort, par le truchement du doge, dans *les Deux Foscari,* il évoque « ce livre répugnant qu'on appelle l'homme », un livre aux « pages sombres et sanglantes ». Nous n'avons en propre « que notre nudité, nos convoitises, nos appétits, nos vanités, cet héritage universel de maux contre lesquels il nous faut lutter ». Et Francesco Foscari de conclure : « Tout est bas en nous, tout est faux et vide ; — tout n'est qu'argile, depuis le premier jusqu'au dernier, autant l'urne du prince que le vase du potier. »

Par nature, Byron était un sceptique. « Je prends peu d'intérêt aux affaires politiques de mon pays. Je ne suis pas fait pour être ce qu'on appelle un homme d'État, et je ne serai jamais attaché à aucun parti », dira-t-il à Medwin en 1821. Dès 1809, il avait donné un témoignage de cette volonté de ne pas s'inféoder, lorsque, prenant possession de son siège à la Chambre des lords, il avait refusé de s'inscrire tant parmi les Whigs libéraux que chez les Tories qui tenaient pour la Cour. Tout au long de sa vie il exprimera dans ses carnets son dégoût de la politique, qu'il réduit en ce qui le regarde « à la détestation pure et simple des gouvernements existants ». Il y a en lui un grand fond d'anarchisme, et son drapeau, c'est le drapeau noir. « Je désire que les hommes soient libres du joug de la populace comme de celui des rois... la conséquence est que n'étant d'aucun parti, je vais les offenser tous : — peu importe ! » (*Don Juan*, IX, 26). Anarchiste de gauche ? anarchiste de droite ? laissons ces formules à ceux qui ont la rage de lui coller des étiquettes réductrices sur le dos. Byron est un rebelle inclassable, « né pour l'opposition » (*Don Juan*, XV, 23), qui note dans son journal : « L'avènement d'une république universelle me convertirait en avocat du despotisme absolu. » Il écrivait cela en 1813, mais dix ans plus tard il demeure dans les mêmes sentiments, quand il affirme (*Don Juan,* XV, 23) que le seul parti auquel il pourrait adhérer est celui des faibles, des vaincus : si les hommes actuellement au pouvoir, et « qui se prélassent dans leur orgueil boursouflé » étaient renversés d'un coup, il se réjouirait courtement de leur chute, puis se ferait leur défenseur : « Je crois que je changerais de camp, et me jetterais dans l'ultraroyalisme, car je hais toute royauté, même démocratique. »

Byron ayant eu un arc-en-ciel d'opinions politiques, on trouve *aussi* sous sa plume l'éloge de la monarchie constitutionnelle, noble spectacle fondé sur la confiance du peuple ; et cet anarchiste, cet adversaire résolu de l'impérialisme fut un admirateur, un amoureux de Napoléon Bonaparte. Il est vrai que Byron cesse rarement de se regarder dans les yeux des autres, et le portrait qu'il trace de son grand homme au troisième chant de *Childe Harold,* écrit après ce Waterloo intime que fut son exil, est d'abord un autoportrait : cet homme à l'esprit formé de contrastes, extrême en toute chose, au cœur impatient et à l'âme de feu, qui fut un dieu pour lui-même, conquérant captif de sa conquête, qui a tenté le destin et que le destin a abandonné, c'est assurément au moins autant Byron que Napoléon.

Le seul reproche durable que Byron fera à Napoléon, c'est de ne s'être pas suicidé, tel Caton ; d'avoir survécu à sa chute. Le 9 avril 1814, à la nouvelle que « Napoléon Bonaparte a abdiqué le trône du monde », il exhale sa fureur dans son journal intime : il observe que l'abdication de Sylla, qui renonça au pouvoir alors qu'il était au faîte de sa toute-puissance, avait une autre allure ; et la retraite de Tibère parmi les voluptés interdites. « L'île d'Elbe pour retraite ! Encore, si c'eût été Caprée, je m'en étonnerais moins... Je suis absolument hébété, confondu... Survivre à *Lodi* pour cela ! » Le lendemain, il écrit une ode vengeresse, où il regrette que Napoléon ait préféré « vivre esclave » à « mourir roi ». En ne se suicidant pas, l'empereur contraint ses plus fidèles sectateurs à le mépriser, à se détourner de lui. « L'honneur te faisait une loi de mourir », écrit Byron, et d'imaginer les railleries de Satan, qui, lui, « a conservé sa fierté dans sa chute, et qui, s'il eût été mortel, serait mort avec superbe » :

> *He in his fall preserved his pride,*
> *And, if a mortal, had as proudly died!*

Ces griefs doivent être nuancés, éclairés, par ce que, neuf ans plus tard, à Gênes, Byron dira à la comtesse de Blessington : « Si je cherche querelle à Napoléon, si je le trouve en faute, c'est que je vis avec lui comme avec une femme que j'aime et admire : je voudrais le voir aussi parfait et irréprochable que je le rêve. » Au demeurant, dès le retour de l'île d'Elbe, Byron a admis de bonne grâce que son *Ode à Napoléon* était injuste, et, durant les Cent-Jours, il n'a cessé de former des vœux pour que son idole triomphe de ceux qu'il appelle « les voleurs » : chez lui, l'Anglais cède toujours le pas au poète. La lettre jubilante qu'il écrit à Thomas Moore le 15 mars 1815 est, à cet égard, caractéristique : « Je pardonne au fripon d'avoir fait mentir chaque ligne de mon *Ode*... En faisant la part du talent et du plus intrépide courage, il y a encore dans tout cela beaucoup de chance ou de bonne étoile, *a good deal in luck or destiny*. Il aurait pu être stoppé par nos frégates, ou naufragé dans le golfe du Lion qui est fort sujet aux tempêtes — ou mille autres choses. C'est assurément un favori de la fortune... Vous avez lu le récit de son arrivée au milieu de l'armée royale, et l'effet immédiat de ses proclamations. Maintenant, s'il ne flanque pas une raclée aux alliés, c'est à désespérer de tout. S'il a pu prendre la France à lui seul, c'est bien le diable s'il ne repousse par les envahisseurs, soutenu de ses sabreurs fameux — ces fils du glaive, la Garde Impériale, et l'ancienne et nouvelle armée. Il est impossible de n'être pas ébloui, écrasé, par son caractère et sa carrière. »

Waterloo le consternera. « Tout espoir d'une république est révolu, et nous devons nous soumettre au vieux système », écrit-il à Moore le 7 juillet 1815. Huit ans plus tard, dans son exil génois, il consacrera à l'exilé de Sainte-Hélène les plus belles stances de *l'Age de Bronze* — des stances dont la tonalité rappelle curieusement celle des stances qu'il a souvent pu entendre dans les églises orthodoxes de Grèce ou de Venise, et qui sont chantées le soir du Vendredi Saint. Le balancement antinomique grâce auquel il oppose la déchéance de Napoléon à son ancienne splendeur est exactement celui des textes où la liturgie byzantine oppose la toute-puissance du Fils de Dieu à l'abaissement qui est le sien durant la Passion : de même que le maître du monde est crucifié comme un esclave, de même l'homme qui châtiait les rois et domptait les puissants est devenu l'esclave d'un vil geôlier ou d'un espion importun. Cette tension agonique entre le pouvoir et la kénôse, le triomphe et l'humiliation, est encore fortifiée par le vocabulaire religieux, voire mystique, utilisé par Byron. Pour dire que, plus tard, le nom de Napoléon Bonaparte « sanctifiera » l'obscur rivage de Sainte-Hélène, *That name shall hallow the ignoble shore,* il emploie un mot de la langue sacrée, et ce vers est directement emprunté à la traduction anglaise du *Notre Père :* « Que ton nom soit sanctifié... », *Hallowed be thy name...*

S'il témoigne à Louis XVIII, homme pieux, gourmet, martyr de la goutte, assujetti à ses médecins et aux puissances étrangères, une indulgence amusée, Byron manifeste une véritable haine à l'égard de la Sainte-Alliance, « trinité terrestre imitant celle du ciel comme le singe contrefait l'homme », répugnante conjugaison de l'hypocrisie et du despotisme. Sa bête noire, c'est Alexandre 1er de Russie que, dans *l'Age de Bronze,* il accable d'épithètes moqueuses : « le tzar petit-maître », « l'autocrate de la valse et de la guerre », « Adonis kalmouk », « dandy impérial », et d'autres, moins aimables encore. Alexandre 1er, surnommé justement « le tzar libérateur », ayant tout pour être un souverain selon le cœur de Byron, une telle hargne n'a pas de fondement politique ; aussi bien n'était-elle pas politique, mais passionnelle, et privée. En 1814, à Londres, Byron a vu l'empereur de Russie, il lui a été présenté. Le sentiment que le tzar a alors inspiré à l'écrivain fut un ambigu d'admiration et de jalousie — analogue à celui que Stendhal éprouvera plus tard envers Byron. Ce que Byron ne pardonnait pas à Alexandre, c'était d'être tout ce qu'il n'était pas : un roi, un guerrier, un valseur. Cette jalousie admirative perce à chaque mot du poème qu'il écrivit à cette occasion : « Je l'ai vu, la semaine dernière, à deux bals et à une soirée... il était en habit bleu, sans décoration, en culotte de casimir, et valsait avec la Jersey qui, plus adorable que jamais, semblait, comme toutes les personnes invitées, charmée de la présence de Sa Majesté. » A quinze ans déjà, Byron haïssait les bals où son pied bot le réduisait à faire tapisserie et à voir

Mary Chaworth tourbillonner dans les bras des autres garçons ; plus tard, lady Caroline Lamb, qui adorait danser, excitera plus d'une fois sa jalousie en valsant sous ses yeux avec des rivaux. Cette rage impuissante, Byron l'a formulée dans *la Valse,* que certains tiennent pour une bluette et qui, en réalité, comporte de terribles vers sur la jalousie amoureuse :

« Dites-moi — vous plaît-il que ces beautés soient ainsi prodiguées,
Chaudes des mains qui librement s'appliquent
Autour de leur taille svelte, sous leur sein palpitant ?
Quel plaisir éprouverez-vous à les embrasser,
Brûlantes encore de cette impudique étreinte, de cet attouchement coupable ? »

Sarah Jersey n'a jamais été la maîtresse de Byron, mais celui-ci fut toujours sensible à ses charmes, et il aura souffert de la contempler entre les mains baladeuses du « dandy impérial ». Ce n'est point pace qu'il manquait de séduction qu'Alexandre de Russie déplaisait à Byron, mais parce qu'il en avait trop — crime encore plus impardonnable que d'avoir terrassé Napoléon. Deux mois après avoir vu valser Alexandre et Sarah, Byron adressera à celle-ci un poème où il célèbre ses charmes sur un ton presque amoureux ; et lorsqu'il tracera à Moore, en novembre 1816, le portrait de sa première maîtresse vénitienne, Marianna Segati, Byron écrira de sa chevelure qu'elle a « le sombre reflet, l'ondulation et la couleur de celle de lady Jersey ».

Dans *l'Age de Bronze,* Byron ne pique pas seulement les Romanov, il crible aussi les Rothschild, et ses sentiments antirusses se mêlent de préjugés antijuifs — ces juifs qui « contrôlent toutes choses, tous les gouvernements, tous les souverains, et font circuler un emprunt de l'Indus au pôle ». Il reproche aux trois frères Rothschild, « le banquier, l'agent de change, le baron », de « voler au secours des royaux banqueroutiers » (« Sans la postérité d'Abraham la Russie ne peut aller de l'avant »). Il apostrophe le prophète Abraham : « O saint Abraham ! que dis-tu en voyant tes sectateurs se mêler à ces pourceaux couronnés ? » La haine jalouse de Byron pour Alexandre 1er, empereur de Russie, et pour le baron de Rothschild, roi du monde, c'est la rage de celui qui, tel Dante dans *la Prophétie,* éprouve la solitude des princes sans en avoir la puissance. Après le scandale de sa séparation d'avec Annabella, Byron ne sera plus qu'un juif errant, que le monde rejette et qui porte une étoile jaune morale : étoile jaune du mari indigne, étoile jaune de l'écrivain sulfureux, étoile jaune du pédophile. Pour Byron, que la persécution a contraint de fuir, de s'exiler « comme les juifs chassés de Sion », *cast out like the Jews from Sion* (*les Deux Foscari,* III, 1), les railleries contre le tzar qu'adule l'Europe entière et le financier qu'honorent les grands bourgeois puritains, sont sa façon d'exorciser le malheur ; de faire un pied de nez à cette société hypocrite qui l'a renié ; de transformer l'infamie de l'étoile jaune en un signe de victoire.

Le vrai souverain selon le cœur de Byron, c'est Sardanapale. Dans *l'Age de Bronze,* c'est sur un ton de moquerie qu'il évoque le destin de Louis XVIII : « Était-ce la peine de quitter ta calme et verdoyante retraite d'Hartwell, ta table d'Apicius et tes odes d'Horace, pour gouverner un peuple ingouvernable ?... ton caractère et tes goûts n'étaient pas faits pour le trône ; ta place est à une table, doux épicurien... » Quand Byron évoque l'hédonisme d'un roi qu'il n'estime que médiocrement, cela donne ces considérations ironiques ; mais le ton change, d'abord qu'il s'agit d'un roi qu'il admire. Sardanapale, lui aussi, n'est pas fait pour régner et aux charges de l'État préfère les plaisirs des festins. Salémène décrit « le grand roi, le souverain de toute la terre connue » chancelant sous une couronne de roses, « entouré de jeunes beautés qui forment à la fois sa troupe chantante et son conseil » : tel est Sardanapale, « l'homme-reine ».

Quand Salémène tâche de lui parler de ses devoirs, Sardanapale l'interrompt : « Ne me fais pas souvenir que je suis un monarque. » Puis, se tournant vers sa jeune maîtresse, Myrrha, il lui dit tendrement : « Je préférerais perdre un empire à perdre ta présence. »

Pour Sardanapale, les conquêtes sont payées trop chères en vies humaines : au lieu de prétendre conquérir les Indes, son aïeule Sémiramis eût été mieux inspirée de rester dans son palais, à filer des vêtements de lin. Sardanapale raille semblablement les expéditions guerrières de Bacchus. Des ruines, des colonnes de marbre, « voilà tout ce qui reste des mers de sang qu'il versa, des royaumes qu'il dévasta et des cœurs qu'il brisa ». Si Bacchus n'avait que ces sanglantes et inutiles conquêtes à son actif, il ne serait, comme la reine Sémiramis, qu' « une sorte de demi-glorieux monstre humain », *a sort of semi-glorious human monster*.

Sardanapale préfère sa diététique (« Mangez, buvez, aimez ; tout le reste ne vaut pas une chiquenaude ») à celle qu'on attend de la part d'un monarque sérieux, et qui consiste à exiger du peuple qu'il paye l'impôt, vénère son souverain, travaille pour lui, se fasse tuer pour lui. Myrrha, qui n'est qu'une esclave, mais qui a le cœur noble et qui aime

Sardanapale, tente de le rendre à la part la plus haute de lui-même : « Un roi de festins, de fleurs, de vin et de débauche, un roi d'amour et de plaisir, ne fut jamais un roi de gloire », lui dit-elle. La gloire ? Bien sûr, mais qu'est-ce que la gloire ? N'est-elle pas une divinité aux multiples visages ? Sardanapale ne veut pas endosser une défroque qui n'est pas la sienne, il veut rester fidèle à l'idée qu'il se fait de soi, et de son destin. « Tu connaîtras bientôt ce que la terre n'oubliera jamais » : c'est ainsi qu'il annonce à Myrrha sa décision de se suicider — cet acte qui le délivrera de tous les autres actes ; cet acte qui le délivrera de la peur, et de la honte, et du désespoir, et des mots dont se servent les hommes pour le juger. « Que nous importent les mots ? Bientôt nous en aurons fini avec eux, et avec toute chose... »

Byron est capable d'agir, mais il ne croit pas à l'utilité de ses actes. La comtesse de Blessington, qui le voyait chaque jour à l'époque des préparatifs de son départ pour la Grèce, n'a pas manqué d'être frappée par cette disposition de son caractère : « Vous ne surprendrez jamais chez lui un *élan,* un mot qui dénote le plus léger enthousiasme », écrit-elle, et de s'étonner qu'un homme sur le point de se jeter dans cette lutte chevaleresque contre le joug ottoman, puisse peindre froidement « le misérable et indigne caractère du peuple dont il adopte la cause ». Voilà qui éclaire, et illustre, le terrible mot de Manfred, que j'ai si souvent cité : « J'ai cessé de me justifier à moi-même mes propres actions, — dernière infirmité du mal. »

Chez Byron, le goût de l'action n'altère pas l'exercice de la lucidité. Au cœur de la bataille, Byron acteur demeure le spectateur du spectacle qu'il se donne à lui-même. Il est trop familier de l'histoire grecque et romaine pour ignorer la fragilité des entreprises humaines, fussent-elles accomplies au nom de la liberté. Chez lui, le passé éclaire le présent, les Grecs et les Romains nourrissent sa réflexion politique sur l'Italie et la Grèce d'aujourd'hui, comme, par exemple, au deuxième chant de *Childe Harold* : « Belle Grèce, triste reste d'une gloire qui n'est plus... Ah! qu'ils ressemblent peu, ces Grecs, à tes fils d'autrefois qui, soldats sans espoir, marchèrent à un trépas volontaire dans le défilé sépulcral des froides Thermopyles. Oh! qui rallumera ce généreux courage, et, s'élançant des rives de l'Eurotas, t'éveillera dans ton cercueil?.... Esclaves héréditaires! ne savez-vous donc pas que ceux qui veulent être libres doivent s'affranchir de leurs propres mains? »

Ces guerriers sans espoir qui marchent à une mort volontaire *(The hopeless warriors of a willing doom)*, c'est tout Byron. Poète du scepticisme et du nihilisme, il est aussi celui de l'action kamikaze et du sacrifice de soi. Il fait sienne la parole du Grand Pompée : « Il est nécessaire de naviguer ; il n'est pas nécessaire de vivre. » Robert Escarpit pense qu'en partant pour la Grèce, Byron le pestiféré, l'écrivain honni, préparait son retour dans la vie publique, sa réintégration à la société anglaise. Cela est vraisemblable. Deux ans avant son départ pour la Grèce, n'écrivait-il pas, de Ravenne, le 12 octobre 1821, à Hobhouse : « Si je rentrais en Angleterre, ce qui n'arrivera jamais, je prendrais une part très active dans la politique, par ma plume et par mes actes ; et aussi au Parlement. » Le restrictif et prémonitoire « ce qui n'arrivera jamais » n'infirme en rien la nostalgie de réinsertion dans la société anglaise qui habite alors Byron, cette nostalgie de la patrie que, la même année, il prête à l'un des plus émouvants personnages de son théâtre, Jacopo Foscari.

Si Byron avait vécu assez longtemps pour participer à la victoire finale des insurgés grecs, c'eût été une magnifique revanche sur ceux qui, par leurs méchancetés, leurs intrigues, leurs calomnies, l'avaient en 1816 réduit à l'exil. « Io sono cittadino del mondo — tutti i paesi sono eguali per me », écrivit-il à la *contessina* Guiccioli, quand, en décembre 1819, il décida de ne pas rentrer en Angleterre et de rester à Ravenne. Néanmoins, dans son exil italien, c'est en compagnie d'amis anglais que notre « citoyen du monde » se plaît le plus : Shelley, Medwin, Trelawny, Marguerite Blessington. L'Angleterre l'obsède et il ne cesse d'en parler — en mal, certes, comme c'est en mal qu'il parle de sa femme, mais l'une et l'autre occupent constamment ses pensées —, et c'est en tant qu'écrivain anglais, *With my land's language* (*Childe Harold*, IV, 9), qu'il désire demeurer dans la mémoire des hommes.

Le but probable de son expédition grecque est donc bien l'espoir qu'a Byron de se réhabiliter aux yeux de ses compatriotes, d'échapper à l'image sulfureuse qu'ils se font de lui ; mais on peut, avec autant de raison, imaginer que si Byron part pour la Grèce, c'est dans l'espoir d'y rencontrer la mort : « Si tu regrettes ta jeunesse, *pourquoi vivre ?* La terre d'une mort dans l'honneur est ici : marche au combat, et rends ton dernier souffle », écrit-il le jour de son trente-sixième anniversaire, le 22 janvier 1824, soit moins de trois mois avant de mourir. Ces deux visions de l'aventure missolonghienne ne sont d'ailleurs pas antinomiques : une belle mort est le plus sûr moyen de reconquérir les suffrages des gens qui, de votre vivant, vous ont anathématisé. Un homme peut s'être abandonné à ses passions vicieuses : en décidant de se donner la mort, il est rendu au meilleur de lui-même. Ce n'est, paradoxalement, qu'à l'instant où il cesse d'être qu'il parvient à une plénitude de vie. Un suicidé se lustre dans la mort comme dans une eau baptismale. On peut penser beaucoup de mal du caractère, de l'œuvre, de la vie de Sardanapale, mais tout cœur généreux sent bien que le bûcher sur lequel il s'immole est le flamboyant paraphe qui authentifie son destin. A Missolonghi, Byron écrit paisiblement — une paix de kamikaze : « Je ne sortirai pas d'ici ; les Grecs, les Turcs ou le climat y mettront bon ordre. » Sa mort allait être sa suprême couronne ; elle allait lui donner le plus glorieux des retours, la plus définitive des réintégrations.

Navigare necesse est ; vivere non necesse. En Céphalonie, Byron déclarera au docteur Millingen qu'il n'existe pas sous le soleil de peuple plus dépravé que le peuple grec, et il notera dans son journal intime, à propos de la fourberie des chefs de l'insurrection : « On n'a jamais vu une telle impuissance à dire la vérité depuis l'époque où Ève vivait au paradis. » De même qu'il n'avait pas d'estime pour le caractère des Grecs modernes, leur préférant les Albanais, voire les Turcs ! et ne croyait guère au succès de l'entreprise, de même, trois ans auparavant, il avait été déçu par le manque d'unité, l'impéritie des Italiens ; et agacé par la désinvolture avec laquelle ses amis *carbonari* entreposaient chez lui leurs baïonnettes, leurs fusils, leurs cartouches, sans souci de le compromettre en cas de perquisition. Cela ne l'empêchait pas d'écrire dans son journal, le 18 février 1821 : « Peu importe, si l'Italie pouvait être libérée, qui ou quoi serait sacrifié. C'est un grand dessein — la vraie *poésie* de la politique. Cette seule pensée — une Italie libre !!! Il n'y a rien eu de semblable depuis les jours d'Auguste. » Et le 24 février : « Quoi que je puisse faire, en argent, en moyens, ou en personne, je l'aventurerai de bon cœur pour leur liberté. »

Si en politique Byron mêle ainsi l'enthousiasme avec le désabusement, comme à table il mélange le vin à l'eau, c'est parce qu'il sait que les révolutions de palais modifient la forme extérieure d'un pays, et non la réalité intime des êtres ; l'écorce, et non la sève. Bouleverser la structure de l'État n'est pas suffisant ; il faut aussi que le cœur de l'homme se métamorphose. Sinon rien ne change, et les anciens opprimés, dès qu'ils conquièrent le pouvoir, deviennent illico des despotes. « Les tyrans ne peuvent-ils donc être vaincus que par des tyrans ? » (*Childe Harold*, IV, 96). Sardanapale, raillant les satrapes félons qui l'ont renversé, admire que « des individus qui ne sont monarques que depuis une heure soient aussi despotiques que des souverains élevés dans la pourpre et placés sur le trône depuis leur naissance » (*Sardanapale*, V, 1). Napoléon lui-même, son cher Napoléon, Byron le confesse dans *l'Age de Bronze,* n'est pas exempt de cette tare, lui « qui brisa les fers de millions d'hommes pour renouer ces mêmes chaînes que son bras avait rompues ». Ce thème, Hergé allait en faire celui de son dernier album, au désabusement très byronien, *Tintin et les Picaros*, où il montre la vanité du coup d'État : Tapioca ou Alcazar, c'est la même chose. Ce pessimisme taoïste a irrité les gauchistes, férus de « lendemains qui chantent ». Byron, lui aussi, indisposait les imbéciles.

Byron aimait la vie, mais il n'y tenait pas. « Je lui ai ouï-dire maintes fois qu'il espérait mourir jeune... Il parlait souvent de la mort, et toujours sans effroi », note lady Blessington. Surtout, ce disciple d'Épicure, cet admirateur de Lucrèce, n'avait pas de goût pour le *Suave mari magno* : « Je ne voudrais pas, écrit-il dans *Don Juan* (XIV, 49), être une tortue à l'abri dans sa rude écaille, à l'épreuve des vagues et des tempêtes. Mieux vaut, somme toute, avoir éprouvé et vu ce que l'humanité peut et ne peut pas supporter. » Cet amour du risque, si manifeste, justifie le reproche qu'Escarpit fait à Murray d'avoir détourné Byron de sa vocation de polémiste. Les discours à la Chambre haute, des libelles tels que *les Bardes, la Malédiction de Minerve, l'Age de Bronze,* la correspondance, témoignent un étincelant don de pamphlétaire, et l'on peut en effet regretter que Byron n'ait pas donné la pleine mesure de ses talents de journaliste. Il y a en lui du Rouletabille, et du Tintin.

Il ne faut cependant pas pousser le bouchon trop loin, et ceux qui prétendent préférer Byron reporter à Byron poète me font l'effet de mozartiens qui mettraient *la Petite musique de nuit* au-dessus de *Don Giovanni.* De tels zozos existent, je le sais, et j'imagine très bien Byron en 1823, après la parution de *Manfred* et de *Don Juan,* rencontrant un type qui lui dirait, l'air extasié : « Ah ! cher monsieur ! vos discours à la Chambre des lords en 1812 ! quels textes épatants ! Et comme je regrette que vous n'écriviez plus sur la politique anglaise ! Je sais que vous avez publié des poèmes, mais je ne les ai pas lus... »

Au reste, on s'égarerait en amplifiant le poids qu'ont pu exercer sur l'inspiration de Byron les conseils de son éditeur. Byron n'était pas, et aurait été incapable d'être, un de ces écrivains qui pondent sur commande. C'est à ses livres autant qu'à sa vie qu'il songe, lorsqu'il fait dire à Sardanapale : « Nos fruits doivent être conformes à notre nature. » L'unique thème de Byron, c'est Byron et son brillant cortège d'amours, de sensations, d'aventures; et son propre cœur la source unique de ses ouvrages. Escarpit m'objectera que c'est précisément cela dont il fait grief à Murray : avoir fortifié chez Byron les défauts narcissiques, l'avoir encouragé à donner ce que le public attendait de lui, à se pasticher soi-même, à byroniser outrément, à écrire toujours le même livre, à faire son numéro. Je répondrai que Byron n'avait, pour suivre cette voie, pas besoin de Murray : plus un créateur se brûle dans son œuvre, plus il crée avec son sang, son sperme, sa vie, et plus il est prisonnier de son univers. Byron n'a jamais cessé de faire du Byron? Soit, et alors? On pourrait semblablement reprocher à Delacroix de faire toujours du Delacroix, ou à Fellini de faire toujours du Fellini. J'aime suprêmement Fellini, et je suis heureux qu'il fasse toujours, et avec obstination, du Fellini. Pour un artiste, il n'y a qu'une règle d'or : être soi-même, oser l'être, et le rester.

Ne regrettons donc pas que Byron n'ait pas davantage écrit sur « l'actualité ». Les duels polémiques, le journalisme de combat, ont été pour lui une excellente école, mais il a eu raison de ne pas s'y attarder. On le voit d'ailleurs mal écrivant toute sa vie des pamphlets : l'indignation permanente, « la belle âme », ce n'était pas son genre, non plus que la brigue, la course aux honneurs. Il laissait cela à Chateaubriand, sur lequel il rapporte une anecdote. C'était en 1822, au congrès de Vérone, qui réunissait les empereurs de Russie, d'Autriche et le roi de Prusse. Chateaubriand y représentait la France. Un des souverains, plus lettré que les autres, s'adresse à lui : « Ah! monsieur, seriez-vous parent de ce Chateaubriand *qui a écrit quelque chose?* »

Et Byron de commenter en riant : « On dit que l'auteur d'*Atala* se repentit un moment de sa *légitimité*. » Pour un Byron, il ne peut y avoir ni tribune officielle, ni maroquin, ni *légitimité ;* chez lui, l'écriture, comme l'amour, est toujours illégitime : *illicit love*.

Byron n'avait pas d'estime pour la presse, et il ne l'aimait pas. Elle était dans son esprit liée aux aspects désagréables de l'existence : au douzième chant de *Don Juan*, il écrit que l'Angleterre est « un pays de bassesse, de journaux, d'ennui, de procès ». Il avait du plaisir à n'être au courant de rien, réclamait le droit à l'ignorance, et goûtait en connaisseur la joie subtile d'échapper aux événements. A Venise, il n'ouvrait jamais un journal, ni anglais, ni italien, et à Ravenne il écrit à Murray : « Vous ne m'enverrez aucune publication anglaise moderne, ou (comme on les appelle) aucune " nouveauté " d'aucune sorte... Vous ne m'enverrez aucun périodique d'aucune sorte — ni l'*Edinburgh*, ni la *Quaterly*, ni la *Monthly*, ni aucune revue, aucun magazine, aucun journal, anglais ou étranger, d'aucune espèce. » En revanche, il lui réclame de la poudre dentifrice, des brosses à dents et du bicarbonate de soude.

Qu'aurait-il appris dans les gazettes ? Lorsqu'il voulait se renseigner sur « l'actualité », il relisait Plutarque, ou Tacite, ou son cher Lucrèce : *Eadem sunt omnia semper*. Surtout, il était fatigué de ses hypocrites compatriotes, et à ceux d'entre ses amis qui le pressaient de reprendre sa place dans la société anglaise (expression d'ailleurs impropre car en Angleterre Byron a toujours été un homme déplacé, en dehors, un *outsider*), il opposait un refus irrité — l'irritation qui nous saisit quand nous constatons que même nos plus intimes amis n'ont pas idée du métal dont nous sommes faits. Ainsi, le 4 mars 1822, en exil à Pise, il répondait à Moore : « La vérité, mon cher Moore, est que vous vivez près du *poêle* de la société, et que vous êtes inévitablement influencé par sa chaleur et par ses vapeurs... Je crois que la société, telle qu'elle est constituée à présent, est *fatale* à toute grande entreprise originale d'aucune sorte... Une *seule* chose pourrait m'y ramener, qui serait de tenter à nouveau de faire du bien en *politique ;* mais *non* dans la politique mesquine que je vois actuellement miner notre malheureux pays. »

Ses voyages, ses goûts sexuels, ont fait de Byron ce qu'on appellerait aujourd'hui, en jargonnant, un « tiers-mondiste ». Les pays qu'il affectionne ne sont pas les riches nations d'Occident : l'Angleterre qu'il fuit, la France où il refuse de mettre les pieds (« Il hait et méprise les Français qui, en vingt-cinq ans, ont changé dix-neuf fois de gouvernement et d'opinion ; il hait le gouvernement anglais qui exerce une action tyrannique sur la nation anglaise et sur le monde », écrit Giordani, qui connut Byron à Venise, chez la comtesse Albrizzi), mais les contrées pauvres de l'Europe du Sud — le Portugal, l'Italie, la Grèce —, et cette porte de l'Orient qui est sa vraie patrie d'élection : la Turquie. « La Suisse est un pays que j'ai été satisfait de voir une fois ; la Turquie, au contraire, je pourrais y vivre toujours. »

Quand il pense à quitter le vieux continent, ce n'est pas aux États-Unis qu'il songe, nonobstant son admiration pour Washington : c'est à l'Amérique du Sud. Dans une lettre à Hobhouse, le 3 octobre 1819, il développe ce qu'il appelle « mon projet sud-américain », *my south american project,* qui serait de s'exiler au Venezuela, avec pour tout bagage des lettres de recommandation auprès de Bolivar ; et il ajoute : « Il n'y a pas de liberté en Europe, cela est certain ; celle-ci, en outre, est une portion usée du globe. » Retenu par ses amours avec Teresa Guiccioli, Byron ne partira pas pour le Venezuela, mais très vite il se captivera pour la lutte des nationalistes italiens contre l'Autriche — en partie grâce au frère de sa maîtresse, le jeune comte Pietro Gamba, qui l'introduira dans les cercles *carbonari,* alimentant ainsi le goût que notre pair d'Angleterre a toujours eu de la clandestinité, et sa vieille haine des Autrichiens, ces indignes vainqueurs de Napoléon : « Ce sont des gredins et des barbares. Leur empereur est un idiot, et ils sont plus idiots encore. »

L'Afrique noire n'apparaît guère dans ses livres : Byron n'y a jamais mis les pieds, et les seuls sujets qui retiennent son attention sont ceux sur lesquels il a des lumières propres, dont il a une connaissance existentielle. C'est en couchant avec les adolescentes du comté de Nottingham qu'il s'est ému des malheurs de leurs papas, les ouvriers briseurs de machines : un baiser l'inspirait plus qu'une idée. Il en ira de même en Italie, en Grèce : pour Byron, le plaisir et l'amour ont toujours été la clef de la science des êtres, et des peuples.

Donc, silence sur l'Afrique noire, Byron n'ayant jamais partagé son lit avec une petite négresse de quatorze ans. Néanmoins, dans *Don Juan* (XIV, 82-83), s'adressant au philanthrope anglais Wilberforce, qu'il appelle le « Washington moral de l'Afrique », Byron s'exclame : « Tu as affranchi les noirs ; aujourd'hui, je t'en conjure, enferme les blancs. Enferme le fanfaron déplumé Alexandre ! envoie la Sainte-Alliance au Sénégal ! apprends-leur que " la sauce de l'oie est bonne pour l'oison ", et demande-leur comment ils aimeraient, *eux,* être esclaves ! » Il y a là un radicalisme insurrectionnel qu'on chercherait en vain chez les auteurs qui ont précédé Byron — Sade excepté —, ainsi que chez ceux qui l'ont suivi, dans ce XIXe siècle qui fut par excellence celui des illusions colonialistes et de la vaniteuse bonne conscience de l'homme blanc.

Adversaire opiniâtre des grandes puissances, défenseur des pauvres exploités par les riches et dépossédés par eux de leurs libertés, Byron a toujours eu plus de compréhension pour les violences des soldats de l'ombre que pour celles des armées régulières. Il n'était pas de ceux qui appellent « terrorisme » les crimes d'un groupuscule rebelle et « pacification » ou « maintien de l'ordre » ceux perpétrés par un gouvernement légal. Il préférait la révolte à la répression. Quoique contemporain de Hegel, Byron n'a jamais été contaminé par le poison hégélien de l'adoration de l'État. Il était avec les ouvriers en lutte contre leurs patrons et le gouvernement ; il était avec les résistants insurgés contre les impérialismes autrichien et turc. C'est, sur ce point, sa propre pensée qu'il fait exprimer par Marina, l'épouse de Jacopo, dans *les Deux Foscari :* « La tyrannie est de beaucoup la pire des trahisons. Croyez-vous qu'il n'y ait de rebelles que parmi les sujets ? Le prince qui oublie ou enfreint son mandat est un brigand plus odieux que le chef des voleurs. » Aux yeux de Byron, il n'y a qu'une violence, qui est le manque de liberté et de justice.

« Un seigneur *whig* à la mode du XVIIIe siècle » : on le voit, Byron échappe absolument à cette définition où certains prétendent l'enfermer. Il y échappe par son non-conformisme, par son style de vie, par son œuvre ; il y échappe par ses origines sociales. Escarpit écrit que Byron est né « dans la petite bourgeoisie besogneuse » et qu'il n'est devenu « lord » et « seigneur de Newstead Abbey » que par hasard, par raccroc. Tel est aussi le sentiment de Bertrand Russell, qui montre comment Byron, devenu lord à dix ans, est passé du « taudis de la ruelle d'Aberdeen » à l'abbaye ancestrale, et ne s'en est jamais remis. Barrington, elle, va jusqu'à affirmer : « Byron n'avait rien de la noblesse de souche, et s'est toujours conduit comme un parvenu. » Voilà qui est sans doute excessif. En réalité, la mère de Byron, Catherine Gordon, était une femme vulgaire, qui, à Newstead, était méprisée par les hobereaux des environs, qui « sentait le whisky » nous dit Maurois, qui faisait honte à son fils, et c'est par réaction contre cette mère inavouable, que Byron a magnifié le lignage paternel et développé ce snobisme impénitent (« Mes goûts d'aristocrate, qui sont très farouches », écrivait-il, avec naïveté, à Walter Scott, le 4 mai 1822), qui étonnait ses amis, agaçait Stendhal (« Lord Byron est un duc, un fat »), et à propos duquel la comtesse de Blessington observe : « Je n'ai jamais connu personne aussi entiché d'aristocratie de nom que Byron, et il laisse voir ce travers à tout propos. »

Cela, c'est le côté Porthos de Byron : Porthos jouant au baron, Byron au lord, l'un et l'autre se piquant d'appartenir à la haute société (« the highest tribe », *Don Juan,* XIV, 20), l'un et l'autre tenus par elle à l'écart, l'un et l'autre ayant un faible prononcé pour le clinquant, les armoiries, les mirobolants uniformes. Lors de son premier voyage en Orient, Byron écrit, le 11 août 1809 : « Ma prochaine étape est Cagliari, en Sardaigne, où je serai présenté à Sa Majesté. Comme habit de cour, j'ai un superbe uniforme, ce qui est indispensable en voyage. » Et le 11 novembre de la même année : « J'ai été présenté à Ali Pacha. J'étais en grand uniforme d'état-major, avec un sabre splendide, etc. » Ces déguisements préfigurent le bel uniforme, « handsome uniform » dont, au neuvième chant de *Don Juan,* Byron affuble son héros, lorsque celui-ci, arrivant à Saint-Pétersbourg, est présenté à l'impératrice Catherine II : habit écarlate, revers noirs, tricorne agrémenté d'un long panache, culotte de casimir jaune, bas blancs, une cravate, des épaulettes, une épée. Byron n'a jamais explicitement avoué le tendre effet produit par son accoutrement sur Ali Pacha ; en revanche, il ne nous laisse pas ignorer que Catherine de Russie a promptement succombé au charme de celui de Juan. Le choix du mot « charme » est délibéré. Byron ne nous explique-t-il pas dans ce même chant qu'un tailleur militaire est un « grand enchanteur qui d'un coup de baguette fait naître la beauté et pâlir la nature » ? Et ne s'exclame-t-il pas, enthousiaste : « Voyez Juan placé comme sur un piédestal ! on le prendrait pour l'Amour devenu lieutenant d'artillerie ! » Quelques années plus tard, nous verrons débarquer Byron à Missolonghi, sanglé dans un uniforme (toujours magnifique, il va sans dire), non de lieutenant — ce grade ne lui suffit plus, lui qui n'a jamais fait un jour de service militaire —, mais de colonel de l'armée anglaise — ce fulgurant avancement n'ayant, dans l'histoire littéraire, d'égal que celui de Tintin, simple pékin bombardé colonel par le général Alcazar, dans *l'Oreille cassée.* Oui, je l'écris très sérieusement, il y a du Tintin en Byron, et Childe Harold chez Ali Pacha, c'est exactement Tintin chez le roi de Syldavie. Rien n'y manque, pas même le superbe costume albanais dans lequel Byron s'est fait tirer le portrait par Thomas Phillips, et qui annonce la manie qu'ont Dupont et Dupond de revêtir ce qu'ils croient être (comme dirait Medwin) le costume national des pays où les conduisent leurs aventures. Si la coquetterie folklorique est un péché, c'est un péché véniel, et qui nous vient de loin : dans une lettre à Murray, Byron indique que Sardanapale se faisant apporter un miroir avant d'aller au combat est un souvenir de Juvénal qui, dans sa deuxième *Satire*, montre Othon s'admirant dans une glace. Et Byron, qui avait une conscience aiguë de ses faiblesses, se moque gentiment de lui-même, quand il fait dire à Sardanapale, « l'homme-reine », *the man-queen,* se regardant dans un miroir : « Cette cuirasse me sied à ravir, le baudrier mieux encore, et le casque pas du tout. Il me semble que je suis très bien sous cette parure ; il s'agit maintenant de la mettre à l'épreuve. »

Ce côté ingénument « bourgeois gentilhomme » de Byron est un des traits qui expliquent sa passion de Bonaparte, dont l'enfance pauvre, la volonté de troquer son uniforme de lieutenant d'artillerie contre un plus prestigieux, les efforts infructueux pour être accepté comme l'un des leurs par les monarques européens, faisaient vibrer dans son cœur une émotion complice. Bonaparte et Byron auront été, leur vie durant, des cygnes égarés parmi les canards, ou plutôt, si l'on considère l'accueil que le monde leur a fait, de vilains petits canards boiteux égarés parmi les nobles cygnes.

Dallas qui, à cette époque, le voyait beaucoup, a été impressionné par l'isolement tant social que moral qui était celui de Byron, quand, le 13 mars 1809, il prit son siège à la Chambre des lords. Plus tard, les succès littéraires et féminins pourront donner le sentiment que Byron était devenu un homme très entouré, mais, par-delà les adulations de surface qui ne signifient rien, il devait jusqu'à sa mort rester le jeune homme seul qui, en ce jour de fête, ne connaissait aucun de ses pairs, à qui personne ne prêtait attention, et auquel, après l'avoir fait attendre, le chancelier, lord Eldon, avait tendu une main distraite. Ces gens ne savaient rien, ou presque rien, de Byron, mais ils pressentaient que ce beau visage crispé n'était pas des leurs.

Ce n'est qu'à son retour d'Orient que Byron prendra pour la première fois la parole à la Chambre, le 27 février 1812. Deux jours auparavant, dans une lettre à lord Holland, il resserrait ainsi son propos sur les briseurs de métiers : « La survie et le bien-être des travailleurs pauvres est pour la communauté un but de plus grande importance que l'enrichissement de quelques monopoleurs... J'ai vu la condition de ces misérables gens, qui est une honte pour un pays civilisé. » Son discours sera sur le même ton. D'emblée, Byron prend la défense de ces infortunés, dont les actes de violence, dit-il, « ont leur origine dans un état de détresse auquel on ne saurait rien comparer » ; ces hommes, « évidemment coupables du crime capital de pauvreté, coupables d'avoir mis au monde plusieurs enfants que, grâce aux malheurs du temps, ils sont incapables de nourrir ». Byron ironise sur ces travailleurs qui, réduits au chômage, ont le mauvais goût de ne pas accepter de mourir de faim, et s'indigne que le pouvoir soit si sévère pour le peuple et si indulgent quand les fraudeurs, les félons « se rencontrent dans des rangs peu au-dessous de celui de Vos Seigneuries ». Il affirme que les soldats d'une nation libre ne doivent jamais être « un objet d'effroi » pour leurs concitoyens. Il proteste contre l'envoi de la troupe : l'Angleterre est bien légère de se réjouir de ses succès à l'étranger, alors que la discorde divise le pays, et que la seule réponse de l'État à la misère du peuple est une sauvage répression.

« Vous appelez ces gens une populace effrénée, mais savez-vous toutes les obligations que vous avez à la populace ? C'est la populace qui laboure vos champs, et fait le service de vos maisons ; qui manœuvre votre marine et que recrute votre armée ; qui vous a mis à même de tenir tête au monde entier, et vous tiendra tête à vous-mêmes, quand l'abandon et le malheur l'auront poussée au désespoir. Vous pouvez donner au peuple le nom de populace ; mais n'oubliez pas que souvent c'est le peuple qui parle par la voix de la populace... J'ai traversé le théâtre de la guerre dans la péninsule Ibérique ; j'ai visité quelques-unes des provinces les plus opprimées de la Turquie ; mais sous le plus despotique des gouvernements infidèles, jamais je n'ai vu de misère plus hideuse que depuis que je suis de retour au cœur même d'un pays chrétien... N'y a-t-il pas assez de sang dans votre code pénal ? Faut-il en répandre encore, pour qu'il monte vers le ciel et crie contre vous ? Pouvez-vous mettre en prison tout un comté ? Élèverez-vous une potence dans chaque champ, et y pendrez-vous des hommes en guise d'épouvantails ?... Placerez-vous le pays sous l'empire de la loi martiale ?... Sont-ce là vos remèdes aux maux d'une population mourante de faim et désespérée ? Le malheureux affamé qui a bravé vos baïonnettes, croyez-vous l'effrayer par le gibet ? Quand la mort est pour lui un soulagement — le seul, semble-t-il, que vous lui accordiez —, croyez-vous que vos dragonnades le ramèneront à l'ordre ? Et ce que vos grenadiers n'ont pu faire, vos bourreaux le feront-ils ? »

L'œuvre de Byron peut souvent donner le sentiment d'un narcissisme, d'une solitude et d'une débauche extrêmes. Un tel discours nous rappelle que ce Narcisse était capable d'attention aux autres, que ce solitaire était volontiers solidaire, et que ce débauché avait ses heures de transparence. Byron avait un naturel généreux, bienveillant, prêt à se livrer au démon de l'altruisme. Son ange gardien égoïste n'intervenait que dans un deuxième temps, pour lui murmurer de ne pas préférer la fraternité humaine à son destin propre, et de n'agir en faveur des autres que dans la mesure où cette action servait son accomplissement personnel. Aussi Byron n'a-t-il été qu'un guerrier à mi-temps, et ne s'est-il jamais intégré à quoi que ce fût. Il était trop assujetti à ses désirs pour vivre autrement que dans la contradiction et la discontinuité. Ce qui fonde la vie sociale, c'est la durée, et la cohérence. Byron et ses héros — Harold, Conrad, Christian, Sardanapale — sont, comme le Don Juan de Mozart et de Da Ponte, des hommes de l'impatience et de l'immédiateté. « La patience ! la patience ! arrière ! ce mot fut créé pour les bêtes de somme, non pour les oiseaux de proie. Prêche la patience à des mortels de ton argile. Je ne suis pas de ta race. » (Manfred, au chasseur qui l'a empêché de se suicider, dans *Manfred*.) Voilà qui ne s'accorde pas avec une carrière d'homme public, qui est un travail de fourmi fondé sur la persévérance et la foi en l'avenir, deux vertus fort peu byroniennes. Que ce fût pour les émeutiers de Nottingham, les *carbonari* italiens ou les insurgés grecs, cette âme de vif-argent voulait bien militer, mais courtement. Byron refusait de s'attarder, de se paraphraser, et on l'imagine, interrogé par un journaliste sur la question ouvrière ou sur la crise du Proche-Orient, répondant : « J'ai déjà dit ce que j'avais à en dire dans mes livres. Je vous invite à vous y reporter. Je n'ai rien à ajouter. Pour moi, c'est une page tournée, et présentement je suis dans autre chose. »

Une lettre illustre cette limite des enthousiasmes civiques de lord Byron. Le 16 février 1812, alors qu'il est plongé dans la querelle des briseurs de métiers, il écrit à Hodgson : « Au printemps de 1813, je quitterai l'Angleterre à jamais. Tout dans mes affaires tend à cela, et mes inclinations ainsi que ma santé ne m'en dissuadent pas. Vos mœurs, votre climat ne bonifient ni mes goûts, ni ma constitution. Je trouverai à m'occuper en devenant un bon orientaliste. J'aurai une demeure dans une de ces belles îles, et, par périodes, je revisiterai les plus intéressantes régions du Levant. » Cette avidité de fuite, d'insouciance, de bonheur, ne l'empêche pas, dans l'instant présent, de compatir aux souffrances de la « corporation maltraitée, sacrifiée » qu'est la classe ouvrière ; mais ces dispositions humanitaires n'ont qu'un temps, et les travailleurs du comté de Nottingham seraient bien inspirés de les saisir au vol, car déjà leur défenseur les oublie, rêve de s'embarquer à nouveau pour les Iles Bienheureuses, piaffe d'impatience de quitter l'ennuyeuse et cafarde Europe. Ce n'est pas un hasard si c'est dans un récit intitulé *l'Ile* que, plus tard, Byron définira ainsi la société anglaise : « ... tout ce que la civilisation a de sordide, mêlé à tout ce qu'il y a de sauvage dans l'homme déchu ; le règne de l'hypocrisie, les prières d'Abel unies aux actions de Caïn. »

Capable de dévouement, Byron n'en a pas moins horreur d'être dupe — dupe des autres, dupe de sa propre générosité —, et c'est pourquoi, lorsqu'il sent qu'il est en train de se faire bouffer par une « cause », par une femme, par le diable sait quoi, mais qui n'est pas LUI —, il a un salvateur sursaut d'égoïsme, il se raccroche à son égoïsme comme un type qui se noie se raccroche à une bouée. Sur ce point, il est clair ; il ne se dore pas la pilule. « Nous sommes tous des égoïstes », écrit-il en 1813 dans son journal intime. Il a vingt-cinq ans. Son auteur favori est alors La Rochefoucauld. Dix ans plus tard, sur le bateau qui le mène en Grèce, ce sont encore les *Maximes*, qu'il appelle « le Livre sacré », qui l'accompagnent. La Rochefoucauld n'est pas un professeur d'enthousiasme, et le lire ne donne pas envie de mourir sur les barricades. Pourtant, c'est vers la mort que s'avance Byron, quand, le 5 janvier 1824, il débarque à Missolonghi, les *Maximes* dans la poche de son bel uniforme rouge de colonel de l'armée anglaise — une mort sans illusions.

Chaque fois qu'il succombe au vertige de l'action, Byron se regarde agir, et songe à son bon maître (qui était aussi celui de La Rochefoucauld), le divin Épicure, qui se moquait des expéditions militaires, d'Épaminondas et disait qu'au lieu d'aller envahir le Péloponnèse, il aurait mieux fait de rester tranquillement chez lui, à soigner son ventre ; Byron songe aussi à Pyrrhon, autre dieu de son panthéon particulier, qui ne croyait pas au progrès, et éclatait de rire au nez des réformateurs. C'est Pyrrhon que, dans *Manfred*, Byron fait parler par la bouche de Némésis, quand celle-ci déclare qu'elle s'occupe « à faire fabriquer aux sots des oracles nouveaux pour gouverner le monde, les vieux n'étant plus de mise ». Et c'est Byron lui-même qui, dans *le Difforme transformé*, ironise, par le truchement de César, sur les soldats qui, s'ils se mettaient à penser, ne voudraient plus se battre (« Que les soldats pensent le moins possible ! si jamais ces gens-là se mettent à réfléchir, il vous faudra prendre Rome à vous tout seul », dit César au connétable de Bourbon) ; ainsi que sur les « généreux mobiles » qui poussent les hommes à se sacrifier — inutilement. Mais César, dans *le Difforme transformé*, c'est le diable, Luci-fer, le lucide, le destructeur d'utopies, « l'esclave railleur », *Thou bitter slave*, qui ne sait que ricaner.

La marquise Origo et Harold Nicolson ont observé avec justesse que si Byron s'était attardé à Metaxata et ne semblait pas pressé de rejoindre Missolonghi, c'était par crainte du moment où il devrait commander, passer à l'action. Byron, un héros ? Soit, va pour le héros. Mais un héros désabusé ; un héros sans chimères ; un amateur et un dilettante. Au demeurant, lorsque, dans mon adolescence réfractaire, « in my repugnant youth » (*Childe Harold*, IV, 75), j'ai découvert Byron, ce ne fut pas le militant politique qui, chez lui, m'a captivé. Celui auquel je m'identifiais avec ferveur, et qui a été le libérateur de ma jeune intelligence, c'était le Byron de *Lara* et de *Manfred*. Je portais toujours sur moi un petit carton où j'avais recopié ces paroles de Manfred : « Dès ma jeunesse, mon esprit ne marchait pas avec les âmes des hommes et ne regardait pas la terre avec des yeux humains. La soif de leur ambition n'était pas la mienne ; le but de leur existence n'était pas le mien : mes joies, mes chagrins, mes passions et mes dons faisaient de moi un étranger. » Je me reconnaissais, avec une ivresse amère et un orgueil inexprimable, dans le portrait que Byron trace de Lara : « Il y avait en lui un mépris vital de toute chose, comme s'il eût épuisé le malheur. Il demeurait étranger sur la terre des vivants ; esprit exilé d'un autre monde, et qui venait errer dans celui-ci. »

Ce byronisme survolté doit paraître excessif et puéril aux esprits rassis ; pourtant, ces sentiments sont exactement ceux qui habitaient l'adolescent rebelle, écorché vif, ivre de singularité, aux frontières de la folie, que j'ai été durant mes années de passage de l'enfance à l'âge adulte. Oui, en vérité, une camisole de flammes, et il est significatif que la première citation qui figure dans mon journal intime, que j'ai commencé d'écrire à seize ans, soit cette phrase que Byron prête à l'archange Raphaël, dans *le Ciel et la Terre* : « Satan, notre frère, est tombé ; sa volonté brûlante a mieux aimé affronter la souffrance que continuer à adorer. »

Aujourd'hui, il y a quatre ou cinq livres de Byron que je mets au-dessus des autres, mais en vérité j'aime toute son œuvre, celle du poète et celle du journaliste, celle du dramaturge et celle de l'épistolier, car, par-delà les genres littéraires, je retrouve une même sensibilité, un même univers, une même écriture, un même visage. Si différents l'un de l'autre qu'ils puissent être (et ils ne le sont pas autant que le prétendent les doctes), Harold et Juan sont nés d'un même cœur, et c'est ce cœur qui donne à l'œuvre entière son unité, sa cohérence, sa nécessité organique.

Touchant les conquêtes, les révolutions, les royaumes, Byron a exprimé maintes fois son sentiment, qui peut être resserré dans ces vers du *Childe* : « Il faut mille ans et plus pour former un empire ; une heure suffit pour l'abattre dans la poudre. » En politique, les seuls vainqueurs sont le temps et le destin — ce destin dont Byron, opiniâtre déterministe, a toujours cru que c'était lui, et non l'homme, qui réglait le cours de l'Histoire. Dans *l'Age de Bronze,* Byron s'émeut, et s'émerveille, de l'incendie de Moscou : « Ô le plus sublime des volcans ! devant ta flamme, celle de l'Etna pâlit, l'inépuisable Hécla s'efface ; comparé à toi, qu'est le Vésuve ? Un spectacle commun et usé devant lequel s'extasient les touristes. Tu t'élèves seul et sans rival jusqu'à ce feu à venir, où doivent expirer tous les empires. »

« Ce feu à venir, où doivent expirer tous les empires », Byron lui avait déjà consacré, au quatrième chant de *Childe Harold,* des stances écrites en marge de la célèbre lettre de Servius Sulpicius à Cicéron sur la mort de sa fille, et où il formule sa pensée touchant les actions et les œuvres des hommes, une pensée qui, pour l'essentiel, et jusqu'aux derniers jours de Missolonghi, ne s'est pas modifiée. Quand je parle de la « célèbre » lettre de Servius Sulpicius, c'était vrai du temps de Byron, cela ne l'est plus du nôtre, où les gens ne savent rien des anciens Romains (si ce n'est qu'ils étaient tous des brutes fascistes et d'ignobles débauchés, qui est la leçon que leur fourre dans le crâne, invariablement, le cinéma péplum et spaghetti à la sauce hollywoodienne), et où un amoureux de la Rome antique fait figure d'hurluberlu. Donc, dans sa fameuse lettre aujourd'hui inconnue de quiconque, Servius Sulpicius, pour consoler Cicéron de la mort de sa fille, compare la disparition de celle-ci à la destruction d'Égine, de Mégare, de Corinthe, villes autrefois si florissantes et qui n'offrent plus aux regards que désolation et ruines. Byron, en Italie, songe à ces vestiges qu'il a jadis vus en Grèce, et soupire : « Tout ce qui était alors détruit le demeure ; et maintenant, hélas ! Rome, la Rome impériale, abattue par l'orage, est couchée dans la même poussière et les mêmes ténèbres ! et nous passons devant le squelette de son cadavre de titan, débris d'un autre monde, dont les cendres sont encore chaudes. »

Un écrivain n'a pas de réponse politique à opposer à cette implacable usure du temps ; en revanche, il en a une, singulière, qui lui est fournie par son art, et Byron, dans la stance qui précède celle dont je viens de citer un fragment, donne des éléments de ce que pourrait être cette réponse, quand aux cités détruites, aux débris mutilés, à la puissance évanouie, il oppose la lettre de Servius Sulpicius, « sa page toujours vivante », *his yet surviving page,* où est conservée la leçon morale tirée d'un pareil pèlerinage. Oui, le temps dévore tout : nos amours, nos paysages, et promptement notre vie elle-même. Nos seuls remparts contre la mort sont la culture, c'est-à-dire la mémoire, et l'art, qui est la feuille où, tel un entomologiste qui garde aux ailes fugitives des papillons leurs couleurs diaprées, nous fixons nos amours mortes et nos illusions abolies. Créer des personnages, c'est mettre au monde des enfants immortels. L'adolescente d'hier est à présent une jeune femme. Demain, elle sera une vieille dame, et bientôt elle sera morte. Cependant, le personnage qu'elle a inspiré au romancier quand elle avait quinze ans continue, lui, de témoigner ce qu'elle fut, et demeure vivant — *his yet surviving page* — pour l'éternité. La fonction de l'écriture est une fonction résurrectionnelle, pascale. Byron est mort, celle qui lui servit de modèle pour la Francesca du *Siège de Corinthe* est morte, elle aussi, et, fors les érudits, personne ne sait plus son nom, mais Francesca, elle, vit toujours, d'une vie ineffable, immortelle, et le rythme des mots lui fait un cœur qui jamais ne cessera de battre :

> Il regarda, il vit ; il reconnut ce visage
> Si beau, cette silhouette si gracieuse ;
> C'était Francesca qui se tenait auprès de lui,
> La jeune fille qui aurait pu être sa fiancée !

Le 20 septembre 1974, à Venise, au Palazzo Mocenigo, j'ai assisté du balcon de l'appartement de la comtesse Foscari à l'inauguration de la plaque qui fait mémoire du séjour de Byron dans ce palais. Après le dévoilement, je suis monté à l'étage supérieur, alors occupé par la marquise de Cadaval, et où jadis Byron a vécu. M'accoudant à la fenêtre où Byron s'est si souvent penché, j'ai vu sur l'autre rive du Grand Canal des touristes qui attendaient le vaporetto, l'appareil photo en sautoir. « Tac ! tac ! tac ! pourriture ! » Irrésistiblement, j'ai pensé à la mitraillette de Dalio, dans *les Amants de Vérone*. Hélas ! l'avenir appartient aux gorilles.

La pose de cette plaque par les soins de la Byron Society me touchait, car, lors d'un précédent voyage à Venise, onze ans plus tôt, j'avais regretté que rien ici n'évoquât le souvenir de celui qui y écrivit *Don Juan*. Mon vœu était enfin exaucé ! Ce vœu était nonobstant de médiocre importance. La plaque sera brisée, le palais Mocenigo et Venise tout entière s'abîmeront dans les flots. Seules échapperont à l'irrémissible naufrage les pages vénitiennes de Byron : ce sont elles qui forment la vraie et durable victoire *politique;* ce sont elles qui rendent Venise indestructible. Adorno a écrit : « Après Auschwitz, il n'est plus possible d'écrire un poème. » C'est le contraire qui est vrai. La beauté et l'amour, qui en cette occasion se confondent, sont l'unique réponse que l'homme peut opposer à l'horreur, et à l'oubli. Les cris des innocents qu'on suppliciait dans les prisons staliniennes se sont tus depuis longtemps, mais grâce au *Requiem* d'Anna Akhmatova ils ne cesseront jamais de faire leur terrible musique dans la mémoire de l'humanité. Lorsque Venise, et ses palais, et ses églises aux coupoles rondes comme des seins de jeune fille, auront été engloutis par le temps, un enfant, quelque part, sur notre planète ou sur une autre étoile aujourd'hui inconnue, ouvrira un livre de Byron, et, « comme au coup de baguette d'un magicien », *As from the stroke of the enchanter's wand*, Venise ressuscitera, majestueuse et souveraine, elle jaillira de l'océan, semblable à une Cybèle de la mer, *She looks a sea Cybele, fresh from ocean*... Oui, nos mots, nos pauvres mots, sont pareils à ces cierges qui brûlent dans la nuit de Pâques où les tombeaux s'ouvrent et où la mort est vaincue.

4

Une trace lumineuse

Byron était extrêmement fier de la petitesse de ses oreilles et de la finesse de ses mains. Ali Pacha lui ayant dit que c'est à ces signes-là qu'on reconnaît un gentilhomme, il est transporté de joie, et écrira à tous ses correspondants les propos aimables du tyran de Janina. Moins gracieuse qu'Ali Pacha, la comtesse de Blessington, treize ans plus tard, se déclarera déçue par sa tournure : « Je me le figurais plus grand, plus digne, plus imposant, et ce n'était point là l'homme-héros dont mon imagination avait si longtemps enveloppé l'âme du poète. » La différence n'est pas dans les treize années écoulées, mais dans le fait que le Turc n'avait aucune idée a priori de celui qu'était lord Byron, et l'Anglaise, oui.

Il est périlleux, quand on s'appelle Byron (c'est-à-dire lorsqu'on est un écrivain qui suscite des passions), d'accepter de recevoir ses lecteurs (et surtout ses lectrices), car on est presque nécessairement condamné à les désappointer. Byron savait cela, et il n'encourageait guère de telles rencontres. Il ne manquait pas de répondre à ceux qui lui demandaient une entrevue, que ce n'était pas en prenant avec lui une tasse de thé, mais en lisant ses livres, qu'on pouvait espérer sérieusement le découvrir. « Qu'on cherche à me connaître dans mes ouvrages : je ne suis pas un homme de salon, et ma conversation n'est jamais brillante », confiait-il à Medwin. C'était dans son œuvre qu'il mettait ce qu'il avait en soi de fort, et de singulier. Le reste n'était que de la paille jetée au vent.

Très vite, autour de Byron, s'est créé un mythe, qui est pour un écrivain le meilleur et le pire. S'entendre dire, par une jeune et belle lectrice, ou par un collégien tourmenté qui lui rappelait celui qu'il avait été à seize ans, qu'il était un mythe, faisait plaisir à Byron, car exercer une fascination sur les adolescents de l'un et l'autre sexe lui était un puissant palliatif de la tentation du suicide. Être un mythe avait aussi son revers, qui était que les gens se croyaient permis de le juger sans avoir lu ses livres. Byron n'a jamais cessé d'être importuné par de prétendus admirateurs qui n'avaient quasiment rien lu de lui, mais que sa réputation bizarre attirait ; il a toute sa vie été en butte aux calomnies de gens qui ne l'avaient pas lu, ou ne l'avaient lu qu'en diagonale, et qui ne savaient de lui que les rumeurs de la malignité publique — des rumeurs alimentées, avouons-le, par ce goût de se noircir, de se faire plus mauvais qu'il n'était, de mystifier les imbéciles, qui a été un trait constant de son caractère.

Bien qu'elle ne fût âgée que de vingt ans, et ne sût presque rien du monde, la *contessina* Teresa Guiccioli a très vite mesuré l'injustice et la frivolité de celui-ci ; elle a rapidement compris que ce n'était pas l'œuvre littéraire de Byron qui excitait l'intérêt de ces gens, mais son aura de soufre. Dès lors qu'il suffisait que dans un dîner en ville quelqu'un prononçât le nom de Byron pour qu'aussitôt fusent les poncifs sur le corrupteur, le traître à sa classe, le paranoïaque infatué de soi, le libertin qui se piquait d'écrire sur la religion, le lubrique sans vergogne, — quel besoin de lire des livres ? Le « mythe » remplaçait avantageusement cela : il était en place, mis au point, et fonctionnait tout seul. Lorsque les curieux rencontraient Byron, ils étaient étonnés de découvrir, non une brute ombrageuse, un ogre dévoreur de petits enfants, un ours qui mangeait avec ses doigts et se mouchait dans la nappe, mais un homme du monde, affable, gai, espiègle. Ils étaient tous comme ce commissaire de police florentin, dont parle Iris Origo, qui, venu à Pise pour interroger Byron au sujet d'une altercation que celui-ci avait eue avec un sous-officier italien, fut fort surpris « des manières courtoises de cet ennemi du genre humain ».

« Ma muse ne s'occupe pas de fictions : elle rassemble un répertoire de faits », écrit Byron dans *Don Juan* (XIV, 13) ; et il précise : « La vérité est toujours étrange, plus étrange que la fiction : si on pouvait la dire, combien les romans gagneraient au change ! » (XIV, 101). Byron tenait l'imagination pour une qualité mineure. Il nourrissait son œuvre, non de ses « fantasmes » (comme on dit aujourd'hui) et de ses désirs insatisfaits, mais de ses aventures, de ses amours, de sa connaissance des êtres et du monde. Chez lui, l'écriture exprime un style de vie, et ses livres sont autant de fragments de ses *Mémoires :* chaque fois qu'il en publiait un, il donnait de ses nouvelles à ses lecteurs. Son œuvre entière repose sur le souvenir des amis disparus, la nostalgie des amours mortes, la mémoire des actes qui, bien qu'appartenant au passé, le poursuivent — implacablement. En épigraphe au *Corsaire,* il a mis ce vers du Tasse, dans *la Jérusalem délivrée :* « Ses pensées ne peuvent dormir en lui », *I suoi pensieri in lui dormir non ponno ;* et au deuxième chant de ce même *Corsaire,* il écrit : « Le remords ! ce démon imposteur qui n'avait jamais parlé, et qui nous crie quand le mal est fait : " Je t'ai averti ! " Voix inutile !... L'âme embrasse d'un regard la multitude des souvenirs qui viennent l'assaillir de toutes parts... les regrets de l'amour... le passé irréparable... »

Ce passé irrémédiable, c'est l'œil de Dieu pourchassant Caïn, mais c'est aussi la semence, la source de l'écriture ; le bien et le mal, accouplés. *Remembrance.* Les yeux d'une jeune femme prendront tôt ou tard « l'effrayante fixité de la mort », mais leur éclat ressuscite dans les vers d'un amant : « La Laure de Pétrarque est vivante encore ; elle est morte une fois, mais elle ne mourra plus », écrit Byron dans *Heures de de loisir.* Le passé est sans espoir, *hopeless past,* sauf précisément pour l'artiste, qui avec cette mort crée la vie : « Ils disent que le bonheur, c'est l'espérance ; mais le véritable amour attache au passé plus de prix encore, et la mémoire réveille les pensées qui nous sont chères. » Chères et douloureuses : les épines de la mémoire sont griffues, et parfois Byron aimerait à oublier (c'est l'oubli de soi et de ce qu'il a vécu que Manfred, dans *Manfred,* demande aux sept génies), mais cela est impossible, qui signifierait le dessèchement d'un art qui plonge ses racines dans l'autobiographie. Se souvenir est, pour Byron, l'unique façon de créer, et donc d'échapper à la folie, ce « désarroi de la mémoire », comme l'a définie le très byronien Schopenhauer. Les livres de Byron forment une seule et même parole, une parole brûlante, une parole brûlée par la mémoire.

Cela ne signifie pas que Byron soit un auteur

« réaliste ». Certes, Nietzsche — autre byronien passionné — a raison d'affirmer dans *Ecce Homo* qu' « un grand écrivain ne puise jamais que dans sa réalité personnelle », et Byron n'échappe pas à cette règle. Toutefois, si Byron se regarde dans un miroir, ce miroir est un miroir déformant, et c'est par le prisme de sa sensibilité, de ses émotions, de ses idées fixes, qu'il met en scène un aventurier, une jeune amoureuse, un peuple résistant à l'occupant, voire un paysage, car Byron n'est ni un descriptif ni un bucolique (« Ne faites donc pas l'imbécile », lançait-il à Thomas Moore, un soir où celui-ci, en Italie, s'extasiait devant un coucher de soleil), et le spectacle de la nature — qu'il s'agisse du lac Léman ou des ruines de la Rome antique, — ne l'inspire qu'à proportion qu'il éveille en lui des nostalgies, des émotions, des désirs. Quel que soit le thème, Byron demeure au centre du tableau : il est le créateur de son univers, et sa musique est toujours une musique intérieure, une harmonie bien *singulière*.

Dans ses entretiens avec Medwin, Byron reconnaît que ses héroïnes ne sont pas ce que sont les femmes dans la vie : « Mes écrits tendent à idéaliser leur sexe ; mon imagination s'est toujours plu à les revêtir du *beau idéal*. Mais je n'ai fait que les dessiner comme le ferait un peintre ou un statuaire, telles qu'elles devraient être. » C'est vrai, les jeunes filles et les femmes de Byron sont stylisées ; mais tout artiste véritable, si réaliste qu'il soit, agit de la sorte. Les cow-boys de John Ford sont, eux aussi, des cow-boys idéalisés, stylisés ; et les pommes de Cézanne. C'est la raison pour laquelle on ne trouve pas celles-ci au marché de la rue Mouffetard, mais au musée du Louvre.

Quand Byron et, avec lui et presque dans des termes

identiques, deux d'entre ses principaux admirateurs, Goethe et Dostoïevski, nous expliquent qu'ils méprisent l'imagination, que nous ne devons jamais inventer d'histoires ni d'intrigues, que la vie est infiniment plus riche que toutes nos inventions, que nous devons nous abstenir d'exprimer ce que nous n'avons pas vécu et que les seuls livres qui comptent sont ceux où l'auteur s'est fourré tout entier, il faut les croire, assurément, mais il ne faut pas les mésinterpréter. Byron s'énervait lorsqu'il apprenait qu'un des employés de son éditeur déformait le titre de *Childe Harold* (« le Chevalier Harold ») en *Child of Harrow* (« l'Enfant de Harrow »), et il avait raison de protester, car si « autobiographique » que puisse être un livre, il n'est jamais l'imitation de la vie, mais la vie transfigurée, la vérité choisie. Byron est Harold, et cependant il ne l'est pas. Dans son œuvre entière, d'*Heures de loisir* à son ultime poème inspiré par Lucas Chalandritsanos et écrit quelques jours avant sa mort, Byron ne cesse de se démasquer ; mais se démasquer, c'est encore jeter de la poudre aux yeux des badauds, c'est s'inventer un nouveau masque. « Byron ressentait un bonheur infini à parler de lui-même, à décrire ses sentiments les plus intimes, sans vergogne et sans réticence », observe la comtesse de Blessington. C'est à lui-même que songe Byron, quand il écrit, dans *le Difforme transformé,* que « le diable dit la vérité beaucoup plus souvent qu'on ne le pense ». Oui, mais encore faudrait-il avoir une idée de ce qu'est la vérité. Byron lui-même ne le savait pas, car un créateur est le dernier à savoir ce qu'exprime sa création. L'essentiel est de ne pas forcer son talent, et de donner les livres qu'on a dans le cœur, dans les entrailles, comme le cerisier donne ses cerises.

Telle est la signification du mot, que j'ai déjà cité, de Sardanapale sur nos fruits qui doivent être conformes à notre nature : ... *as our mould is, must the produce be.*

Quand Byron brave les bienséances et les lois, il suit son tempérament propre, son génie particulier, sa *physis*. Qu'il y ait là une part de défi, certes ; mais ce n'est pas pour scandaliser ses contemporains que Byron a vécu ce qu'il a vécu, écrit ce qu'il a écrit. Seuls les esprits superficiels peuvent confondre la transgression avec la provocation ; la clandestinité supérieure du transgresseur avec le grossier tapage du provocateur ; le fils du roi avec l'histrion. Byron ne pose pas : il est un écrivain *naturel*, qui vit avec impétuosité ses passions, puis qui transmute celles-ci en livres, au risque de scandaliser les hypocrites et d'exciter la jalousie des médiocres. Dans l'additif à la préface de *Childe Harold*, Byron, répondant aux critiques, écrit ironiquement : « Il eût été plus agréable, et assurément plus aisé, de peindre un caractère aimable. Il eût été facile de gazer ses fautes sous un vernis... » C'est exact, c'eût été facile... et prudent. Mais la prudence est une déesse sur les autels de qui l'encens de Byron ne brûle guère. « Je n'ai commis ni lâcheté, ni bassesse ; ils ont fait de moi un exilé, non un esclave », écrit Byron au premier chant de *la Prophétie de Dante*. A ses yeux, la littérature serait le plus vain, le plus misérable des divertissements, si elle devait être autre chose que la vérité au service des passions.

Byron était entré dans la vie littéraire par des duels, donnant libre cours à son humeur mousquetaire, à ses dons de polémiste, et se faisant, à chaque paragraphe, un nouvel ennemi. Il écrivait dans une langue d'une pureté extrême des livres impurs où il ne dissimulait rien de ses goûts, de ses contradictions, de ses défauts, de ses mœurs. L'accent très intime de son œuvre lui valait une cohorte de lectrices et de lecteurs passionnés. Il était beau, il avait une nature donjuanesque, il était couvert de femmes et, à l'occasion, avait également du succès auprès des petits garçons. Comment aurait-il pu ne pas susciter la jalousie des cafards de tout poil ?

Ces jaloux l'ont traité d'impudent, de cynique, d'adolescent attardé, de Narcisse béat, d'irresponsable, de vaniteux, d'ostentateur de débauche, de fanfaron du vice, d'ogre tout glorieux de son ogrerie ; ils n'ont cessé de le déchirer, de l'exclure, de le réduire à l'illégitimité, d'affecter de mépriser son œuvre, d'enflammer contre lui l'animadversion publique ; ils ont tout fait pour le pousser au désespoir et au suicide. La place que tient le suicide dans ses livres témoignait l'attrait que la mort volontaire exerçait sur lui. Ah ! si ces belles âmes avaient pu le conduire à se tirer une balle dans la tête, quel bonheur ! quelle délivrance ! L'énergumène enfin muselé ! On aurait sablé le champagne dans les salons et les salles de rédaction.

Nonobstant ses pages à la gloire du suicide, Byron ne s'est pas tué, mais il s'est expatrié, et il a eu raison de le faire. « Les gens se déchaînent contre lui et le tiennent pour un méprisable débauché ; il est complètement perdu dans l'opinion du monde », écrivait en février 1816 — un mois donc après le départ d'Annabella du domicile conjugal — Mlle Godfrey à Thomas Moore. Si Byron était resté à Londres, ses ennemis ne se seraient plus contentés de répandre le bruit qu'il couchait avec sa demi-sœur et sodomisait sa femme : ils l'auraient impliqué dans un scandale de ballets roses, ou bleus. La camarilla de ceux que Moore appelle moqueusement « les champions de l'innocence » (confrères envieux, flics en mal d'intrigue, mères abusives, adversaires politiques) se serait employée à le précipiter dans quelque sordide affaire de mœurs, propre à le déshonorer et à le détruire, une affaire qu'en souvenir du titre d'un des poèmes que l'enfant de chœur John Edleston lui inspira, les journalistes auraient pu appeler « l'affaire de la Cornaline »... Son exil a mis Byron hors d'atteinte, mais à Londres les sicaires de plume n'ont pas pour autant renoncé à leurs brocards et à leurs jets de fiel. Byron vivait à Pise quand Southey, le « poète lauréat » de la Cour — brigueur effréné, faux cul, faux grand écrivain, haïssant le talent et la liberté d'esprit, bref, la salope intégrale —, publia contre lui un libelle où il déplorait que la notoriété du coupable lui conférât une sorte d'impunité, et appelait sur le Satan Byron et ses livres lascifs la vindicte populaire et la persécution de l'État.

Exilé en Italie, Byron a confié à Marguerite Blessington qu'il avait souvent eu l'idée de rassembler dans un livre toutes les calomnies débitées contre lui en Angleterre : « Cela ferait, avec mes notes, un curieux et superbe in-folio, et la postérité y pourrait voir comment on entendait la charité dans la chrétienne Angleterre du XIXe siècle ! » Byron n'a pas donné suite à ce projet, mais pour l'instruction de mes lecteurs, et à défaut d'un in-folio, voici quatre spécimens de cette prose évangélique :

« Lord Byron est un misérable qui, ayant épuisé toutes les sortes de jouissances sensuelles et bu jusqu'à la plus amère lie la coupe du péché, est résolu à montrer qu'il n'est plus un être humain, même dans ses faiblesses, mais un démon froid et insensible, qui ricane de tout avec une allégresse ignoble, dans la clandestinité de son exil égoïste et dépravé. »

« Les seuls lecteurs à qui je conseille d'ouvrir ce livre sont ceux qui voudraient savoir jusqu'à quel point un écrivain peut aller dans la pornographie militante. Je ne me suis infligé la lecture de cette ordure qu'avec écœurement, et par devoir. Je n'aurais pas dit un mot de ces trois cents pages immondes et désinvoltes, si je ne devais tenir compte de la place qu'occupe son auteur dans notre vie littéraire, et de son talent d'écriture. »

« L'impureté peut quelquefois être pardonnée, l'impiété peut quelquefois inspirer la pitié, mais pour une œuvre aussi dégoûtante et impie, pour de tels ouvrages, qui révèlent un esprit malfaisant, impénitent et sarcastique, pour un vice aussi diabolique et aussi bas, il ne peut y avoir ni pitié, ni pardon. »

« *Beppo* et *Don Juan* ne sont qu'un assemblage ignoble de plaisanteries sans goût et sans légèreté. La religion et la morale y sont offensées à chaque page. Il n'est pas jusqu'à l'humanité même, ce mot que les plus irréligieux mettent en avant avec respect, qui ne soit le but de ses cruels sarcasmes... Son âme, profondément blessée, a versé son fiel sur toute la nature. »

Les trois premiers articles ont pour auteurs des larves obscures qui ne méritent pas d'être nommées. En revanche, il n'est pas indifférent de savoir que le quatrième, publié en France et non en Angleterre, est signé : Alfred de Vigny.

« Infâme corrupteur », « pédéraste notoire », « satyre de la place Saint-Marc » (texto!), quand je lis les propos que les gens tenaient sur Byron, je me demande quels superlatifs ils auraient été contraints d'employer pour décrire, non l'auteur de *la Fiancée d'Abydos,* mais Gilles de Rais ou Louis XV. L'unique façon d'échapper à l'opinion odieuse que la société avait de lui, aurait été pour Byron de se faire passer pour mort, et de recommencer, ailleurs, une nouvelle vie, sous un autre nom. Mais peut-être ce subterfuge lui-même n'aurait-il pas suffi à délivrer Byron de ses zoïles. C'est tout récemment qu'une hyène littéraire a exprimé, dans une revue anglaise, ce jugement, non sur la vie ou sur l'œuvre de Byron, mais sur sa mort à Missolonghi : « Une pitoyable fin pour une vie gaspillée », *A wretched ending to a wasted life*.

Laissons ces perfidies. Les miroirs où nous déchiffrons le véritable visage de Byron sont bien plutôt l'affectueuse admiration que lui ont manifestée ses pairs : Shelley, Walter Scott, Goethe ; la ferveur avec laquelle la troupe passionnée de ses lecteurs guettait la parution de chacun de ses livres ; l'amour qu'il a inspiré à Teresa Guiccioli, qui, dès l'aurore de leur liaison, prenait avec feu la défense de son amant, répondant à son frère Pietro Gamba qui la mettait en garde contre « cet homme si étrange et d'une réputation douteuse », qu'elle le priait de « considérer comme des fables les cancans répandus par ses ennemis et les jaloux ». Si cette jeune femme a témoigné à Byron un amour si constant et durable, c'est parce qu'elle avait découvert en lui quelqu'un d'autre que le triste sire, le fat, le perverti de la légende. Dans tous les cœurs qu'il a bouleversés, que ce fût en tant qu'homme ou en tant qu'écrivain, Byron a laissé une trace lumineuse.

5

Une femme serait mon salut

Pourquoi Byron s'est-il marié ? Il se savait égoïste, versatile, et Moore prêchait un convaincu, lorsqu'il lui représentait qu'il n'était fait ni pour le couple ni pour l'amour oblatif ; que le seul don de soi, pour un écrivain, est de donner de beaux livres ; que le mariage est toujours, chez les hommes exceptionnels, un échec ; que la littérature est comme l'ordination diaconale dans l'Église d'Orient : on peut se marier avant, mais non après.

Oui, Byron savait tout cela, et c'est précisément à Moore qu'il adressait, le 3 août 1814, une épître de célibataire, où il raillait les maris qui se proclament « les plus heureux des hommes » et font l'éloge de la vie conjugale à leurs amis qui mènent encore la vie de garçon : il les comparait à « ces renards qui ont coupé leurs queues et voudraient persuader aux autres de se séparer de leurs panaches, pour sauver leur propre mine ».

En lisant cette lettre, Moore avait été rassuré sur la détermination de Byron à rester libre. Pourtant, moins de deux mois plus tard, le 20 septembre 1814, celui-ci lui en écrivait une autre, qui commençait par ces mots : « Mon cher Moore, je vais me marier... » Les démentis les plus amusants sont ceux que l'on se donne à soi-même. En décidant de se marier, Byron faisait un pied de nez à tout ce qu'il avait jusqu'alors pensé, dit, écrit, contre le couple, la fidélité, la famille. Il satisfaisait ainsi son goût très vif du paradoxe, de la mystification : « Je me considère comme un personnage fort facétieux », écrivait-il le 6 septembre 1813 à sa future femme, Annabella.

Le plaisir d'étonner ses amis, et de s'étonner soi-même, n'était cependant pas l'unique raison de cette curieuse apostasie. Byron en avait beaucoup d'autres. D'abord, son attrait vers la catastrophe : il était toujours heureux de pouvoir commettre une atrocité contre lui-même. Puis, la curiosité : comme l'avait été le voyage, comme aurait pu l'être la guerre, le mariage était, pour une âme aussi aventureuse, une expérience à tenter. « Je prendrai des notes, et, si cela échoue, j'en ferai un livre », songeait-il en tâtant son cœur (pour vérifier s'il avait bien son stylo dans la poche intérieure de son veston). Byron s'est également marié par lassitude de sa vie de libertin, par désir d'échapper au morcellement du donjuanisme, à « ce vertigineux gaspillage des ans, cette ronde fastidieuse de plaisirs sans saveur, ces nombreuses amours », qu'il a décrits dans *Heures de loisir*. Surtout, il se figurait qu'Annabella, qui avait fait du *Corsaire* son livre de chevet, connaissait ses bizarreries, les acceptait, l'aimait tel qu'il était.

En vérité, nonobstant ses professions de foi de célibataire, Byron pensait au mariage depuis longtemps. Le ver était dans le fruit. « Une femme serait mon salut », notait-il dans son journal intime, le 16 janvier 1814. Il était, psychologiquement, mûr pour succomber à l'illusion lyrique du couple, à la fantasmagorie de l'Autre, au mirage de l'âme sœur, au délire de la théologie nuptiale.

Qui l'avait donc mis dans cet état de moindre résistance ? Qui l'avait donc roulé dans les sucreries matrimoniales ? C'était lady Melbourne, à qui, ce même 16 janvier 1814, il écrivait : « Une femme, dites-vous, serait mon salut... Si je tombais amoureux, je serais jaloux, et vous ne savez pas quel diable toute passion mauvaise fait de moi... J'ai plus de raisons que vous ne croyez de me méfier de moi-même sur ce point. » A Harrow, Byron avait, en version latine, traduit cette phrase essentielle de Sénèque : « Ô combien nous sont hostiles les vœux de ceux qui nous aiment ! » Que ne l'a-t-il eue en permanence à l'esprit, durant ces longues conversations où, inlassablement, lady Melbourne, sa confidente, sa vieille amie, lui a versé le breuvage circéréen de ce qu'elle croyait être pour lui le salut, et qui allait être sa perte. Pourtant, elle le connaissait, ou aurait dû le connaître. « J'ai des sentiments vifs, et des nerfs qui ne sont pas très bons », *I have quick feelings — and not very good nerves,* lui écrivait-il le 11 février 1814 : une telle nature mercurienne était celle d'un amant, et non d'un mari. Avec son expérience du monde, son âge, son intelligence, lady Melbourne ne pouvait ignorer que lorsqu'on est Byron, c'est-à-dire un écrivain fantasque, sensuel, orgueilleux, impatient, narcisse, on ne se marie pas ; en outre, elle savait la liaison incestueuse de Byron avec Augusta et son goût pour les fillettes impubères. Ce nonobstant, elle s'est appliquée à le convaincre qu'il avait tort de poser un dilemme entre la liberté et le mariage ; et que l'indépendance du *young man about town* n'était pas la liberté, non plus que l'accomplissement d'un amour vrai dans le mariage n'était une limitation, ni une servitude ; et que seul ce dépassement de soi dans un engagement plénier ferait de lui un homme libre, car, pour lors, il était prisonnier de trop de choses.

Lady Melbourne savait à quoi s'en tenir sur le caractère mobile, capricieux, salamandrin, de Byron ; elle était la dernière à pouvoir imaginer que l'insaisissable allait être saisi : pour fixer un homme tel que Byron, il aurait fallu une tigresse, une femme qui le subjuguât érotiquement et moralement, ce qui n'était pas le cas de la froide et timorée Anne Isabelle Milbanke. Néanmoins, elle s'opiniâtrait dans son désir que Byron fondât un foyer, et, dans ce but, elle minimisait la difficulté de ce passage de la solitude au couple, et de la licence à la rigueur ; elle lui répétait qu'Annabella l'adorait, que c'était une perle rare, et que si une telle rencontre lui échappait, il le regretterait sa vie durant.

Byron, lui, était plus lucide. Il se rendait compte du bouleversement, de la vraie conversion dont il s'agissait. « Il va de soi que je dois me réformer pour de bon », écrivait-il à Moore. Mais quoi ! cette folie l'attirait comme un gouffre. En Grèce, il avait assisté à des mariages orthodoxes, et il avait été impressionné par le rite byzantin du couronnement, surtout par l'explication qui lui en avait été donnée : les couronnes que le prêtre pose sur la tête des mariés sont celles de la gloire, mais aussi celles du martyre. Dans un certain sens, Byron s'est marié pour les couronnes. La ronde nuptiale (autour du pupitre où sont posés l'icône du mariage, l'Évangile, la coupe et la croix) dans laquelle le prêtre entraîne les mariés, tandis que le chœur entonne l'hymne « Isaïe réjouis-toi », l'avait également fort marqué : c'est à cette danse d' « Isaïe réjouis-toi » qu'il songera, des années plus tard, lorsqu'il écrira, dans *Don Juan* (XV, 39), à propos de « la danse du mariage » : « Ce serait pour un peintre un aussi beau sujet que " la danse de la mort " d'Holbein : — mais non, le sujet est le même. »

Byron, en décidant de se marier, n'était pas certain de se faire plaisir à soi-même, mais cela faisait tant plaisir aux autres ! à lady Melbourne ! à Annabella ! à tous ces chrétiens pieux et orthodoxes qui avaient prié pour le retour de l'enfant prodigue, pour la conversion de Don Juan ! C'est incroyable, « It is almost incredible », et pourtant c'est ainsi : Byron s'est, en grande partie, marié par gentillesse. Il se savait peu fait pour ce sacrement — aussi redoutable que la prise d'habit monastique —, mais c'était la seule manière d'échapper à sa vie d'*outlaw*, de satisfaire aux lois de la société, de rentrer dans le rang. L'idée d'être enfin *conforme* lui répugnait et l'amusait à la fois.

Dans les semaines qui précédèrent le mariage, ce furent la paix de la décision prise et la claire certitude qu'Annabella allait être son salut. « J'aime la dévotion chez les femmes », dira-t-il, plus tard, à Medwin. Annabella était pieuse, elle serait une épouse fidèle, une vraie icône de la tendresse de Dieu ; et puis, semblable à la femme de Montaigne (qu'elle lui citait volontiers en exemple), elle le déchargerait des soucis domestiques, le soignerait quand il serait malade, apaiserait ses angoisses, l'aiderait à faire son œuvre. Être la compagne d'un artiste, quelle magnifique destinée pour une femme aimante !

Annabella, elle, jouait le jeu — à fond. Elle lui écrivait : « Je vous désire, je vous veux, mon Byron, chaque heure davantage », *I wish you, want you, Byron mine, more every hour*. Elle avait à son chevet les livres de

Byron, et feignait de s'intéresser aux mêmes choses que lui, avec cette aisance à caméléoniser qui est le propre des jeunes femmes désireuses de s'impatroniser dans la vie d'un homme. Lorsqu'elle fit sa connaissance, elle avait noté, lucidement, qu'il était inapte à la rendre heureuse ; mais l'ambition de doubler toutes ces femmes qui lui couraient après, et dont certaines — sa cousine Caroline Lamb, par exemple — couchaient avec lui, l'emporta. Elle serait plus habile que les autres, elle allait le captiver, le fixer. Ce fut précisément chez lady Caroline Lamb, au cours d'un thé dansant, *waltzing morning party*, qu'Annabella avait, pour la première fois, vu Byron. Son pied bot empêchait l'auteur de *la Valse* de paraître sur la piste de danse, mais, quoique se tenant à l'écart, il était entouré d'une nuée de femmes, qui n'avaient d'yeux que pour lui : *He was surrounded by a swarm of females*, écrit Margot Strickland. Une jeune fille vertueuse, sans expérience de l'amour, telle Annabella, n'est pas rebutée par le passé donjuanesque et la réputation de séducteur de l'homme sur qui elle a jeté son dévolu. Au contraire, les succès galants de cet homme sont pour elle un piment, une émulation : elle réussira là où les autres ont échoué ; elle sera celle qui le retiendra, et l'attachera. Pour cela, Mlle Milbanke, surnommée par Byron « la Princesse des parallélogrammes », était prête à tout, même à feindre de préférer la poésie aux mathématiques, de se passionner pour La Rochefoucauld et Gibbon, de n'être pas choquée par ce qu'écrivait Byron, et surtout d'accepter celui-ci tel qu'il était, avec ses singularités, ses humeurs, son hypocondrie, son donjuanisme, sa nature indomptable. Elle avait lu, dans le premier chant de *Childe Harold* (I, 27), paru en 1812 : « Ces sites étaient beaux, mais vite il songe à fuir, plus mobile que l'hirondelle dans les cieux. » Cela ne lui faisait pas peur : elle serait l'oiseleuse qui encagerait l'oiseau, et lui rognerait les ailes. Au reste, ses livres, elle les avait lus, et relus, mais elle n'y croyait pas, elle n'admettait pas qu'il pût être tel qu'il s'y décrivait : elle pensait que « c'est de la littérature », et que la littérature, ce n'est pas la vie. Son excuse était qu'en effet la plupart des littérateurs, leurs pieds bien au chaud dans des pantoufles, fabriquent des livres avec des passions qu'ils n'éprouvent pas et avec des aventures qu'ils ne vivent pas ; mais Byron était d'un autre métal : Annabella aurait dû pressentir que son œuvre, c'était lui, terriblement lui, et que cette hirondelle impatiente et mobile, *restless*, toujours ailleurs, ne se laisserait pas mettre en cage, ni rogner les ailes.

Plus tard, à Pise, Byron relatera à Medwin sa rencontre avec Annabella. « Ce fut un jour fatal, et je me rappelle que je trébuchai en montant les escaliers. Je fis à Moore, qui m'accompagnait, la remarque que c'était d'un mauvais augure. J'aurais dû faire cas de l'avertissement. » Lorsqu'il vit Mlle Milbanke, il la prit pour une dame de compagnie, mais Thomas Moore lui glissa, moqueusement, à l'oreille : « C'est une riche héritière ; vous feriez bien de l'épouser, pour réparer votre vieux château de Newstead. » Dans la vie d'un jeune aristocrate désargenté, il arrive toujours un moment où quelqu'un lui conseille de faire un riche mariage : nous avons vu cela dans *Vénus et Junon*. En 1821, écrivant *les Bas-bleus,* Byron se souviendra de cette conversation avec Moore :

Tracy : — Miss Lilas !
Inkel : — Le bas-bleu ? l'héritière ?

Tracy : — L'ange !

Inkel : — Le diable ! Eh ! mon cher ! tirez-vous de ce mauvais pas aussi vite que vous pourrez ! Vous ! épouser miss Lilas ! ce serait vous perdre : elle est poète, chimiste et mathématicienne.

Tracy : — C'est un ange.

Inkel : — Dites plutôt un *angle*. Si vous l'épousez, vous ne tarderez pas à en venir aux querelles... Son cœur est dans son encrier...

Byron se mariera le 2 janvier 1815. Alors, il avait déjà publié *Heures de loisir, les Bardes, la Malédiction de Minerve, la Valse,* les deux premiers chants de *Childe Harold, le Giaour, la Fiancée d'Abydos, le Corsaire, Lara.* Il pouvait légitimement supposer qu'une jeune femme qui avait lu ces livres savait dans la vie de qui elle entrait, l'épousait en connaissance de cause. Un avocat, un charcutier, un médecin, un industriel, un professeur, peuvent mentir à la femme qu'ils aiment (notamment en ce qui touche leur passé), se composer un personnage ; mais non un écrivain tel que Byron qui se confessait dans chacun de ses livres, et y mettait à nu son cœur « capricieux comme le vent », son âme « esclave de tous les plaisirs vicieux » et « agitée par des passions contradictoires » (*Heures de loisir*). Byron avait le droit de se dire qu'il n'avait pas pris sa future femme en traître, qu'il n'avait pas feint d'être un autre que celui qu'il était, qu'Annabella savait à quoi elle s'exposait, qu'elle discernait son étrangeté, son humeur imprévisible, ses nerfs à fleur de peau, sa nature « extrême en tout », *extreme in all things.*

Au demeurant, Byron avait la volonté sincère de rompre avec sa vie de libertin. « J'ai tout essayé, et maintenant je vais essayer la vertu. » Plein d'excellentes résolutions, c'était en vrai catéchumène qu'abjurant les autels de Vénus il se tournait vers ceux de Junon. « Si je puis contribuer au bonheur d'Annabella, j'assurerai le mien. Elle est une si bonne personne que, en bref, je voudrais être meilleur. » Cette phrase prouve qu'il aimait Annabella, car lorsque la beauté morale d'une femme émeut un débauché au point de lui donner la honte de ses vices et le désir de la *métanoïa,* c'est le signe certain d'un amour véritable ; c'est aussi le secret de la fascination qu'exerce le mariage sur des hommes à l'âme ardente et aux mœurs dissolues, la source du besoin fou qui parfois les anime de régénérer l'impétuosité de leurs feux dans le sacrement de l'amour, l'espérance magique d'être, pour ainsi parler, sanctifiés par la sainteté d'une épouse.

Orson Welles dit qu'il n'y a rien de pire au monde que le café brûlant, le champagne tiède et une femme froide. Annabella était froide, « un vrai petit glaçon », selon la duchesse de Devonshire. Curieusement, Byron l'avait pressenti. Après que Mlle Milbanke eut — suprême habileté ! — repoussé sa première demande en mariage, il s'en était félicité : « Ce n'eût été qu'une collation froide, et je préfère les soupers chauds. » Il menait alors avec sa maîtresse, lady Oxford, une vie heureuse, digne des dieux de Lucrèce (selon la propre expression de celle-ci), et il était clairvoyant. Bientôt, il cessera de l'être.

L'anneau nuptial, « ce qu'il y a de plus diabolique dans le mariage », *the damn'dest part of matrimony* : ce ne sera qu'en août 1822, à Pise, moins de deux ans avant sa mort, que Byron, séparé de sa femme depuis plus de six ans, écrira cela dans *Don Juan* (IX, 70). L'ennui, avec l'hôpital, la caserne, la prison ou le mariage, c'est qu'un écrivain, pour pouvoir en écrire, doit d'abord les vivre : les besogneux peuvent se contenter de ces qualités secondaires que sont l'érudition et l'imagination ; mais un grand écrivain, lui, ne peut se satisfaire de l'invention et du savoir livresque : le principe de son inspiration est l'expérience existentielle. Tel est le sens de la réponse de Dostoïevski à Merejkovski, alors âgé de quinze ans, qui lui demandait ce qu'il fallait faire pour écrire : « Mon petit, il faut souffrir, souffrir beaucoup. »

Un écrivain ne doit donc pas plus souhaiter faire l'économie de la souffrance qu'un chrétien celle de la croix. Obscurément, et même s'il ne se l'avouait pas, Byron pressentait qu'en épousant Mlle Milbanke, il courait à la catastrophe, il s'engageait dans une aventure qu'il serait incapable de maîtriser, il ceignait la couronne du martyre et non celle de l'allégresse : « Le serviteur de Dieu George prend pour couronne la servante de Dieu Anne Isabelle, au nom du Père, et du Fils, et du Saint-Esprit. » Mais quoi ! s'il s'était, à la dernière minute, dérobé devant l'abîme, s'il n'avait pas reçu, dans la pâle lumière de ce mois de janvier britannique, le fascinant et absurde sacrement de l'amour, sa pusillanimité l'aurait remordu jusqu'à la fin ; il aurait eu, sa vie durant, la certitude d'être passé à côté de quelque chose d'essentiel. Cet acte était une folie, mais une folie nécessaire, qui allait dans le bien et dans le mal nourrir son œuvre, et renouveler son destin. Et il avait raison de le croire, car tout s'est déroulé de la sorte. Si c'est le bagne qui nous a donné Dostoïevski, c'est l'échec de son mariage qui nous a donné Byron.

Byron épouse donc Annabella, et très vite il se sent pris au piège. Très vite aussi, il se vengera de celle qui l'a ainsi piégé. « Ah ! tu m'as voulu ! Eh bien ! tu m'auras ! » Chez Byron, « sophiste bourreau de soi-même », *self-torturing sophist* (il l'a écrit de Rousseau, dans *Childe Harold*, et cela s'applique à lui), l'amour ne va jamais sans une pointe de cruauté : le mauvais plaisir de mesurer son pouvoir, de vérifier qu'on est le maître des sourires et des larmes de la femme aimée, de chercher à celle qui vous aime des querelles injustifiées. Très vite, Byron s'est mis à traiter Annabella comme un gamin méchant traite un insecte qu'il a enfermé dans une boîte : il prenait goût à l'humilier, à la torturer, à exciter sa jalousie, il s'abandonnait à des crises de rage irrépressibles, compulsives, au cours desquelles il perdait tout contrôle de soi. Margot Strickland écrit que Byron a traité Annabella « avec la cruauté mentale pathologique que les Anglais réservent plus à leur femme qu'à leur chien ». Mais non, chère Margot Strickland, il n'y a pas que les Anglais. Il est vrai, m'objecterez-vous, que c'est être un peu Anglais, que de consacrer un livre à Byron, et surtout de s'être, comme lui, marié en Angleterre, et en janvier.

Cette cruauté byronienne était celle d'un homme qui jusqu'alors n'avait connu que la liberté du solitaire, et qui d'un coup découvrait les servitudes de la cohabitation, la pesanteur du couple. « Mariage et cadenas sont synonymes », écrira-t-il dans *Don Juan* (V, 158) : plus que les défauts de sa femme, ce qui le poussait à se revancher sadiquement de son « oui » nuptial, était la pensée qu'il avait lui-même fermé le cadenas, qu'il s'était constitué prisonnier. Être mécontent des autres, c'est supportable : la conscience malheureuse n'est un supplice que lorsqu'on est mécontent de soi. C'est pour se punir soi-même de sa décision de s'être marié, que Byron, dès les premières semaines de leur vie matrimoniale, fera à lady Byron d'horribles scènes de mari exaspéré et despote. Plus tard, la comtesse de Blessington le comparera à un enfant gâté qui pique des colères dès qu'il est contrarié dans la satisfaction d'un de ses caprices. Le mariage, avec ses règles, sa lourdeur, sa monotonie, n'était pas un état favorable aux caprices — d'où les fureurs de l'enfant gâté, encagé, enragé.

Les soirées étaient longues. Pour se désennuyer, Byron parlait à Annabella des femmes qu'il avait aimées avant elle, et aussi des petits garçons. La prude jeune mariée apprenait avec effarement que Thyrza, qui l'émouvait tant, était un enfant de chœur, et elle quittait la pièce quand Byron lui détaillait les bonheurs qu'il avait connus, à Athènes, avec les « sylphes » du couvent des Capucins. La nuit, elle l'entendait, perpétuel insomniaque, marcher au-dessus de sa tête. Il la réveillait en jetant sur le plancher les bouteilles d'eau de soda qu'il vidait continûment. Deux semaines après le jour de leurs noces, Byron ironisait déjà, dans une lettre à Thomas Moore, sur « les chastes mystères de l'Hymen » (« au diable le mot, j'ai failli l'écrire avec une petite h »), et, assujetti au thé de ses beaux-parents (« maudit thé! »), il regrettait le brandy de Douglas Kinnaird.

Plus encore que « les indécences brutales de conduite et de langage », qui sera, lors de la séparation, la formule employée par ses avocats, Lushington et Romilly, ce sont les stances « Parmi les joies que le monde nous donne... », composées deux mois après leur mariage, qui bouleverseront Annabella, et lui donneront la certitude que le mal était sans remède. Ces vers où Byron exprime la nostalgie du bonheur à jamais évanoui ont assurément fait une impression horrible à celle qu'il venait d'épouser. Comment aurait-il pu en être autrement ? Une femme supporte le passé amoureux de l'homme qu'elle aime tant qu'elle a la certitude qu'à présent c'est elle qui occupe le cœur — et la place. Mais le jour où elle comprend que les spectres sont inexorcisables, l'homme ne l'intéresse plus, et elle se détache de lui : c'est un mouvement de déception, tout-puissant. Or, dès qu'une femme est déçue par « l'homme de sa vie », qu'elle cesse de l'admirer, et commence, d'une certaine façon, à le mépriser, la partie est perdue pour lui. Ces beaux vers mélancoliques, où Byron dit combien passent vite « la fraîcheur de la joue » et « le tendre incarnat du cœur », ont été, pour la jeune épouse, une désillusion implacable : « Alors vient le froid mortel de l'âme, semblable à la mort elle-même... Oh ! si je pouvais sentir ce que j'ai senti, — ou être ce que j'ai été... » Lisant cela, lady Byron a eu le sentiment cruel, — et définitif, d'avoir été flouée.

Des années plus tard, en Italie, Byron confiera à la comtesse de Blessington : « Je ne me dissimule pas que mes goûts et mes habitudes sont peu propres à faire le bonheur d'une femme, quelle qu'elle soit... J'aime la solitude, elle est devenue pour moi un besoin, j'ai la manie de m'enfermer de longues heures ; et encore, avec celle que j'aime je suis distrait, maussade, sombre. Je suis convaincu de ceci, voyez-vous : c'est qu'il y a dans le tempérament poétique quelque chose qui rend inapte au bonheur, non seulement celui qui le possède, mais aussi celles qui lui sont attachées. »

Cette inaptitude au bonheur, Byron, dans les mois qui suivront son mariage, la développera avec une détermination et une férocité toutes spéciales. C'est ainsi qu'ayant, en bon pessimiste, horreur de la procréation, il accueillera avec un vif mécontentement la nouvelle de la grossesse d'Annabella. Quand celle-ci sera sur le point d'accoucher, il lui dira qu'il espère qu'elle va mourir, que l'enfant sera mort-né, et que s'il devait survivre, il le maudirait. Lorsqu'elle mettra au monde une petite fille, il se précipitera à son chevet en hurlant : « Encore un instrument de torture qui me vient de vous ! » C'est, en plus dur, le mot du Bouddha, quand on lui annonce la naissance d'un fils : « Une chaîne m'est forgée. » Oldenberg, qui rapporte ce mot, le commente ainsi : « ... une chaîne qui l'attache à cette vie domestique qu'il aspire à fuir. » Nietzsche se souviendra de Byron, et du Bouddha — qu'il admirait l'un et l'autre au suprême —, en formulant son fameux *Aut liberi, aut libri*. Et Cioran, qui m'a appelé « le dernier byronien », manifeste qu'il est, lui, l'avant-dernier, quand il écrit : « Ma vision de l'avenir est si *précise* que, si j'avais des enfants, je les étranglerais sur l'heure. »

A défaut de pouvoir, tel le Bouddha, fuir sa vie domestique, Byron l'organise à son goût. Et tout d'abord, il introduit dans le couple qu'il forme avec Annabella une troisième personne : sa demi-sœur et maîtresse Augusta. Les biographes de Byron sont toujours très excités par sa liaison incestueuse avec Augusta, mais en réalité cet inceste en fut à peine un. Augusta et Byron ne s'étaient jamais vus, ni enfants, ni adolescents ; ils ne se sont rencontrés que lorsqu'ils étaient déjà, l'un et l'autre, des adultes. Ce n'est pas de sa sœur que Byron est tombé amoureux, mais, simplement, d'une femme. Se voir tous les jours tue le désir, et c'est pourquoi dans les familles les incestes ne sont pas plus nombreux ; mais ils le seraient assurément si les gens d'une même famille ne se voyaient jamais. La

« voix du sang » est, au moins dans ce domaine, une fumisterie. Ce n'est point parce que je sais qu'elle est (par exemple) ma nièce, que je n'éprouverai pas des désirs sensuels pour une lycéenne de seize ans que je rencontre pour la première fois : elle n'est pas pour moi une nièce, elle est une adolescente inconnue, et si nous vivons ensemble une aventure amoureuse, ce sera un inceste aux yeux de la société, mais non aux miens, ni à ceux de ma lycéenne, qui, ne m'ayant jamais vu auparavant, m'aimera à l'évidence en tant qu'homme, et non en tant qu' « oncle ». Au demeurant la passion se situe toujours par-delà le bien et le mal, et Byron, à la troisième stance de *Parisina*, exprime cette idée avec force, quand il décrit Hugo et Parisina, deux amants incestueux : « Pensaient-ils au crime, au péril, dans ce rêve tumultueux de leur tendresse ? Qui, ayant ressenti ce pouvoir de la passion, a été, en un tel instant, retenu par la peur ? » Inceste, philopédie, adultère, union libre, l'amour, dès qu'il se développe en dehors des liens consacrés du mariage, est toujours illégitime, et coupable.

Qu'Augusta ait été la demi-sœur de Byron est donc de médiocre importance. Ce qui, en revanche, ne l'est pas, c'est la décision de l'écrivain de mettre une tierce personne dans le lit conjugal. Déjà, quand on est deux, l'amour durable est chose difficile ; mais lorsqu'on est trois, c'est la catastrophe assurée. Pourquoi Byron a-t-il permis, orchestré, cette folie ? Pourquoi ce suicide ? Parmi ses nombreux visages, en était-il un, obscur, inavoué, qui souhaitait la rupture avec Annabella ? Il y avait une fatalité dans tout cela, et Augusta n'était pas entrée dans la vie de Byron pour n'être qu'un flirt fugitif, un nouveau nom à un tableau de chasse : elle était, *et il le savait,* l'ange noir de quelque terrible Annonciation. Byron, qui gardait en toutes circonstances sa tournure d'esprit théologique, se plaisait à dire que l'amour circulait entre eux comme entre les trois hypostases trinitaires, mais il n'était pas la dupe de ses propres constructions, et il savait que cette trinité-là n'était qu'une imposture du diable, et un blasphème. « J'ai moi-même été complice de ma chute, et le pilote zélé de mes propres malheurs », écrira-t-il en 1816, à la villa Diodati, dans son *Épître à Augusta*. Au reste, le ménage à trois n'était pas plus harmonieux que le ménage à deux, et la maison de Piccadilly Terrace continuait à retentir des hurlements de Byron. C'est à cette période de sa vie qu'il songera, quand, plus tard, évoquant dans *Werner* la cloche de l'église qui sonne à l'occasion d'un mariage, il écrira : « Chaque coup frappe pour une espérance de moins, le son des funérailles de l'amour, profondément enseveli dans le tombeau de la jouissance et sans l'espoir de la résurrection. »

Avant leur mariage, Annabella était animée par l'ambition de sauver l'ange déchu, de le réintégrer au paradis, mais le désenchantement fut si prompt que, très vite, elle cessa d'éprouver de la passion pour Byron, et il ne resta plus rien de ses chimères de femme myrrhophore. « Vous me demandez, dira Byron à Medwin, si lady Byron a jamais eu de l'amour pour moi ? Non. J'étais à la mode quand elle parut dans le monde. J'avais la réputation d'un grand roué, et j'étais un des *fats du jour*; deux qualités qui plaisent aux jeunes femmes. Elle m'épousa par vanité, et dans l'espoir de me réformer, de me fixer. » Ce jugement est trop sévère : Annabella a aimé Byron, elle l'a aimé véritablement. Ce qui, en revanche, est exact, c'est qu'elle s'est bientôt rendu compte qu'aimer Byron était du temps perdu : Byron adorait séduire, charmer, captiver, mais d'abord qu'il était arrivé à ses fins, l'amour que lui témoignaient ses nouvelles conquêtes l'embarrassait. Il se sentait, à tort ou à raison, envahi, importuné, et, très vite, était saisi par la rage de rompre les liens qu'il avait lui-même tissés. Un soir où Byron avait organisé, entre Augusta et Annabella, un concours de baisers, pour conclure que sa sœur embrassait mieux que sa femme, celle-ci lui avait lancé : « Vous ne m'avez jamais aimée. Vous couchez avec les femmes, mais vous ne les aimez pas. Ce sont les petits garçons que vous aimez. Je ne souhaite pas à ma pire ennemie de tomber amoureuse de vous. Vivre, je ne dis même pas avec vous, mais à côté de vous, c'est horrible. Vous êtes un destructeur d'illusions. Je me vois très bien vous tuant. »

Elle ne l'a pas tué, mais aussitôt qu'elle le quittera — une séparation que Byron croyait provisoire et qu'elle a voulue définitive — en janvier 1816 (après donc un an de vie commune), elle s'appliquera, aidée de sa mère, qui a toujours haï Byron, et de ses conseillers juridiques, à le déshonorer, à le perdre de réputation, à l'anéantir moralement et socialement. Le portrait qu'elle tracera de lui sera sans pitié : un débauché, faible et tyrannique. Tout Londres saura qu'elle était un ange d'innocence que son mari brutalisait, tenait à l'écart de sa vie, trompait avec Suzanne Boyce, une petite théâtreuse de Drury Lane, négligeait pour aller s'ivrogner avec des libertins tels que Sheridan et Colman. Une ligue féministe se formera contre Byron « au nom de la morale, de la religion et de l'honneur national ». Des bruits « monstrueux » courront : Byron, disait-on, couchait avec sa sœur. Pis : il sodomisait sa femme ! Là sodomie étant, comme chacun sait, totalement inconnue dans « la vertueuse Albion » (style Fenouillard), ce vice infernal excitera spécialement les imaginations.

Sous la plume des universitaires qui étudient Byron avec la froideur scientifique d'un astronome scrutant la planète Mars, cette histoire de sodomie prend souvent des allures involontairement cocasses. Il y a, sur ce point, une polémique entre Doris Langley Moore et G. Wilson Knight qui est tout à fait gratinée. Byron possédait-il, ou ne possédait-il pas, son épouse en utilisant la voie garçonnière, celle que Martial — un de ses auteurs de dilection — appelle « modum puerile » ? G. Wilson Knight, s'appuyant sur le poème *Don Leon* qu'il attribue à Colman, affirme que oui ; Doris Langley Moore, elle, soutient que non, car, même si elle admet que Byron allait en Orient pour coucher avec des gamins, acte illégal en Europe, elle ne croit ni que *Don Leon* soit l'œuvre de Colman, ni que Byron ait fait des confidences à celui-ci touchant son goût des moins de seize ans et la façon dont il honorait sa femme. Doris Langley Moore, qui, érudite austère, manque sans doute d'expérience dans ce domaine, sous-estime le plaisir qu'ont les philopèdes, lorsqu'ils sont entre eux, à se confier leurs bonnes fortunes, à étaler leurs exploits, à se délivrer du secret auquel ils sont tenus en dehors de la secte. Quand un libertin rencontre un autre libertin, que se racontent-ils ? Leurs histoires de cul. Il est d'autant plus vraisemblable que Byron parlait de sa vie amoureuse à Colman, qu'il avait un penchant à se déboutonner qu'ont observé tous ses proches, et qu'ont souvent les artistes qui, se dévoilant dans leurs œuvres, jugent inutile de se masquer dans la conversation. « Il n'y a rien de caché en lord Byron, écrit Medwin, et il ne recommande le secret en rien ; il dit tout ce qu'il a fait ou pensé, sans la moindre réserve. » Lady Blessington fait la même remarque, sur un ton toutefois moins affectueux que celui du brave Medwin : « Le défaut que je lui reproche le plus est une pétulance continuelle et l'oubli de cette réserve qui caractérise les personnes bien nées... cette habitude qu'il a de confier ainsi, en forme de conversation et avec effusion, toutes ses douleurs intimes à des gens qu'il connaît à peine. »

Si Doris Langley Moore, comme la plupart des biographes (qui préfèrent mettre l'accent sur l'inceste), minimise le rôle joué par les pratiques sodomites de Byron dans l'échec de son mariage, G. Wilson Knight, lui, l'amplifie à l'excès. Byron aimait à sodomiser Annabella. Soit, et alors ? C'est, parmi les postures de l'amour, une des plus agréables, une des plus répandues aussi, et les jeunes femmes s'y prêtent avec un vif plaisir. Cela est vrai aujourd'hui, et cela l'était encore davantage à l'époque de Byron, où l'importance accordée à la virginité et le défaut de pilules contraceptives faisaient que bien des jeunes personnes du sexe préféraient être prises « comme un petit garçon » à l'être par la voie officielle. Quand lady Byron fouillera dans les tiroirs de son mari — préfigurant ainsi la comtesse Tolstoï, mais dans cet ordre toutes les femmes sont la comtesse Tolstoï —, elle y découvrira une bouteille de laudanum et un exemplaire de la *Justine* de Sade. Feuilletant ce livre, elle y aura lu les éloges de la pédication, qui y figurent quasi à chaque page : « Là, pas le moindre inconvénient. Si les grossesses vous effraient, elles ne sauraient avoir lieu de cette manière... Rien ne peut trahir une fille de ce côté... Il y a tout plein de filles qui ont joui dix ans de cette façon, et même avec plusieurs hommes, et qui ne se sont pas moins mariées comme toutes neuves après... C'est, en un mot, l'asile du mystère ; c'est là qu'il s'enchaîne aux Amours par les liens de la sagesse. Faut-il vous dire plus, Justine ? si ce temple est le plus secret, il est en même temps le plus délicieux. On ne trouve que là ce qu'il faut au bonheur... Malheur à qui n'a pas foutu un garçon, ou qui n'a pas fait un garçon de sa maîtresse ! Il est encore bien neuf en volupté, celui qui n'a pas osé l'un ou l'autre. » La vertueuse Justine n'est pas convaincue ; la « Princesse des parallélogrammes » ne l'a pas été davantage : peut-être même est-ce en lisant Sade qu'elle a compris que les fantaisies sensuelles de son mari, à quoi elle se livrait volontiers, étaient, au regard de la morale bourgeoise, une perversion, et un scandale. Quoi qu'il en fût, après cette découverte du laudanum et de Sade, elle s'adressera à des médecins et, toujours avec la complicité de sa mère et de ses avocats, tentera de faire interner Byron, qui était alors particulièrement vulnérable, car en proie aux créanciers et aux huissiers qui chez lui saisissaient tout : les équipages, les meubles, et jusqu'aux livres. « Il ne me reste en poche que quatre guinées », confiera-t-il à Moore. Plus tard, dans *Don Juan* (I, 27), Byron évoquera ce complot des blouses blanches dont il faillit être victime :

« Car Inès fit venir des apothicaires et des médecins, et tenta de prouver que son cher mari était *fou ;* mais comme il avait trop de moments de lucidité, elle décida ensuite qu'il n'était que *mauvais.* »

Curieusement, Annabella, à la fin de ses amours avec Byron, rejoignait sa cousine Caroline, notant, au début des siennes, l'impression que lui faisait cet homme qui allait devenir son amant : « Fou, mauvais et dangereux à connaître », *Mad, bad, and dangerous to know*. Elles se rejoindront de façon pire encore, lorsque l'épouse révélera à Lushington la conduite incestueuse et sodomite de Byron : la maîtresse plaquée jouera alors le témoin à charge, confirmant, pour la satisfaction de l'avocat, l'exactitude de ces accusations.

Augusta, elle, tente, sans succès, d'être une conciliatrice. Elle représente à lady Noel que la séparation va pousser Byron au suicide. La mère d'Annabella lui répond froidement : « Tant mieux ; les hommes de son espèce n'ont pas le droit de vivre. » Si Augusta avait objecté que Byron n'était pas seulement un homme, mais un des meilleurs écrivains de sa génération, et que sa mort serait une perte pour les lettres anglaises, l'imbécile belle-mère aurait sans doute répondu que cela n'avait aucune importance à ses yeux. Quant à Annabella, Augusta lui ayant fait remarquer qu'elle avait lu, jeune fille, les livres de Byron, et qu'elle aurait donc dû, en l'épousant, savoir ce qui l'attendait, elle répliqua : « Alors, l'amour m'aveuglait. Ce n'est qu'aujourd'hui que je vois clair en lui. »

En vérité, cela est exemplaire. D'une manière générale, si la rupture de Byron avec Annabella ne peut que fasciner un homme qui a une grande pratique des femmes, c'est parce qu'en elle tout est archétypique, éternel. Rien n'y manque, pas même l'amie perfide, la confidente, l'espionne, qui s'emploie à envenimer une situation déjà tendue, et à rendre le mari définitivement odieux à sa femme : en 1816, à Londres, la vipère s'appelait Mme Clermont ; en 1972, à Paris, elle portait un autre nom, mais le personnage est le même.

Lorsque lady Byron décrit son mari comme un effroyable et vicieux despote, comme un vampire qui, penché sur elle, l'empêchait de vivre, de s'épanouir, d'être heureuse, ce portrait est peut-être juste. Cependant, où mène la soudaine lucidité — réelle ou prétendue — de lady Byron ? Ses jugements sur Byron, qui se veulent accablants, rendent compte de tout, sauf de l'essentiel, qui est l'amour. Une femme qui aime un homme ne l'aime pas pour ses « qualités ». N'importe qui, et jusqu'au plus aigre de nos ennemis, est capable d'apprécier nos « qualités ». De la femme qui dit l'aimer, un amant ou un mari est en droit d'espérer qu'elle l'aime en bloc, qualités et défauts, vertus et vices, pile et face, y compris les crises de rage, la pédophilie, les insomnies et les bouteilles d'eau gazeuse vidées bruyamment. Ce qui frappe, chez Annabella, en cette période de rupture, c'est qu'à aucun moment elle ne semble être dans la peau de la femme d'un artiste, d'un homme qui accomplit une œuvre. Quand on lit les lettres qu'elle a écrites et les propos qu'elle a tenus à cette époque, si on ne connaissait pas Byron, on ne pourrait pas deviner qu'il est écrivain. Il aurait été clerc de notaire, elle n'eût point parlé de lui différemment. Nous voilà loin de « la femme de Montaigne », de la compagne du créateur, attentive et dévouée. Le regard que désormais lady Byron pose sur son mari n'est plus le regard d'une épouse, mais celui d'un juge : le regard dur et froid de la femme, lorsqu'elle a cessé d'aimer, et règle ses comptes.

Les griefs longtemps contenus jaillissent de la bouche d'Annabella, telles des vipères de leur trou. En fait, lady Byron a toujours détesté dans la vie de son mari ce par quoi il lui échappait, ce qui n'était pas *elle* : l'inséparable Thomas Moore, le théâtre de Drury Lane et les actrices qu'il y rencontrait, les beuveries avec Rogers, Sheridan et Colman, les soirées tête à tête avec Augusta, les heures où il travaillait à son œuvre et interdisait qu'on le dérangeât. Elle avait le sentiment d'être chez lui une étrangère, une intruse qu'il tenait à l'écart, une poupée qu'il ne sortait de sa boîte que pour les dîners en ville. Il l'étouffait. Souvent, elle pleurait toute seule, de désespoir d'être tombée entre les griffes de cet égoïste pervers, qui ne la regardait ni ne la désirait plus, qui avait mis Augusta dans leur lit conjugal, qui méprisait les femmes et n'était vraiment attiré que par les fillettes et les jeunes garçons. Elle était lasse de jouer à la garde-malade de l'écrivain à moitié fou, d'être le souffre-douleur du grand homme, de subir les exigences et les lubies d'un cynique incapable d'amour et de don de soi ; elle ne voulait plus de ce personnage d'épouse sacrificielle dans lequel Byron prétendait l'enfermer.

Qu'il y ait eu, chez lady Byron, la volonté de donner au monde une vision ignoble de son mari, de renier tous leurs moments de bonheur et d'amour, de tracer un portrait noirci, caricatural, de ce qu'ensemble ils avaient vécu, cela est indéniable ; mais il reste que ses griefs étaient en partie fondés, et que l'idée que Byron se faisait de ce que doit être la femme d'un écrivain était le propre d'un jouisseur misogyne. A Pise, il dira à Medwin : « Comme Napoléon, j'ai toujours eu un grand mépris pour les femmes... Leur état dans la société européenne est hors de nature. Les Turcs et les peuples d'Orient entendent ces choses-là mieux que nous. Ils les enferment, et n'en sont que plus heureux. Donnez à une femme un miroir et des bonbons, elle sera satisfaite. » Un an après, à Gênes, lors d'une conversation sur son mariage, il expliquera à la comtesse de Blessington que les qualités qu'un écrivain attend d'une maîtresse, ou d'une épouse, sont une affection et un dévouement sans bornes, un heureux caractère et une bonne santé. Puis il ajoutera : « Si lady Byron m'avait aimé véritablement, elle se fût identifiée avec moi... Mon *beau idéal,* c'est une femme qui ait assez de talent pour comprendre et apprécier le mien, mais pas assez pour briller elle-même à mes dépens... Comme vous le voyez, je ne suis pas exigeant : je ne demande que la perfection. »

Sans doute, cela doit-il être lu *cum grano salis,* mais, sous leur vernis humoristique et provocateur, de tels propos expriment la véritable pensée de Byron sur les jeunes personnes du sexe. Byron a horreur des basbleus, auxquelles il a consacré une piécette ironique — *The Blues* — et quelques stances vengeresses dans *Don Juan,* où il décrit avec drôlerie la mauvaise humeur de son héros, persécuté par les *blues* et « interrogé par ce jury savant et spécial de matrones ». L'agressivité prétentieuse des féministes l'assomme. Il a, comme le note la marquise Origo, « une particulière antipathie pour une culture trop ostentatoire chez les femmes ». Il préfère les bourdes de Teresa à la phraséologie d'Annabella, et il apprécie vivement que ses maîtresses populaires — Marianna, Margarita — ne sachent ni lire ni écrire.

Il attend d'une femme qu'elle soit sensuelle et lui donne du plaisir au lit, qu'elle ait un caractère enjoué et le protège contre ses angoisses, qu'elle ne soit pas jalouse et ne fouille pas dans ses papiers pour lire son journal intime. Leslie A. Marchand observe, à propos de la liaison de Byron avec Suzan Boyce, que l'écrivain réservait le romantisme pour ses livres, et que dans la vie, ce qu'il demandait à une amante, c'était le plaisir physique. Voilà une remarque très juste, et celle qui suit est plus juste encore : « ... mais il était inévitable qu'il allait être accablé par les complications émotionnelles de cette simple fille qui avait facilement succombé à ses avances. » C'est excellemment et spirituellement dit : bravo, professeur Marchand ! Ah ! les complications émotionnelles ! Dans le même temps qu'il rompt avec sa femme, Byron témoigne à sa maîtresse cette désinvolture étudiée que les jeunes filles appellent de la goujaterie : il ne répond pas aux lettres d'amour dont elle l'inonde, il se fait rare, il lui pose des lapins. Tout homme, si une femme le traitait ainsi, comprendrait qu'elle s'est détachée de lui, qu'elle s'éloigne, qu'elle en aime un autre. Suzan Boyce, elle, ne comprend rien, ne voit rien, et alors que Byron ne songe qu'à prendre le large, elle est persuadée qu'ils vivent un grand amour.

Alas ! the love of Women ! Cet irréalisme n'est pas le privilège d'une fille de rien telle que Suzan Boyce : *Cosi fan tutte,* et on le rencontre mêmement chez des femmes du monde, lady Christina Falkland, par exemple, qui s'imaginait que Thyrza, c'était elle, qui envoyait à Byron une mèche de ses cheveux, et lui écrivait : « Je dois être aimée *exclusivement* — votre cœur doit être *tout à moi* » ; ou lady Caroline Lamb, qui, des mois après qu'il avait rompu, continuait de poursuivre Byron de ses volcaniques assiduités. Byron utilisera ce matériel autobiographique dans ses livres, en particulier dans *Don Juan,* dont une des idées directrices est que les hommes et les femmes n'attendent pas la même chose de l'amour, et que les colonnes d'Hercule de la vie amoureuse entre les sexes sont le malentendu et la désillusion.

Certains auteurs ont parlé des femmes avec justesse, bien qu'ils ne les eussent guère pratiquées : Nietzsche, Weininger, Montherlant ; d'autres, au contraire, tels Casanova et Schopenhauer, avaient du sujet une connaissance de première main, et les vérités qu'ils ont écrites sur elles sont des vérités d'alcôve. Byron était de ceux-ci, et il pouvait à bon droit dire à Medwin : « Je n'ai pas formé légèrement mon opinion sur les femmes, mais par une fatale expérience. » La crise de 1816 nous a donné quelques-unes des pages les plus lucides qui aient été écrites sur ce que saint Jean Chrysostome appelle, avec un enthousiasme lyrique, « le sacrement de l'amour » (car les moines, voués au célibat, sont toujours enthousiastes et lyriques dès lors qu'il s'agit de marier *les autres*, n'est-ce pas, cher Mgr Antoine?) : « Le mariage, écrit Byron dans *Don Juan* (III, 5), vient de l'amour, comme le vinaigre du vin ; c'est un breuvage triste, aigre, tempérant, auquel le temps a fait perdre son céleste bouquet, pour lui donner une saveur ménagère et fort commune. » Plus loin (III, 10), Byron note que Dante et Milton, qui ont tous deux « chanté le ciel et l'enfer, ou le mariage », ont l'un et l'autre été malheureux dans leurs affections conjugales. Et de préciser *in cauda* : « Mais la Béatrice de Dante et l'Ève de Milton n'ont pas été peintes d'après leurs épouses, vous le concevez. »

Lady Byron, elle, inspirera de nombreux personnages à son mari : principalement Inès dans *Don Juan*, mais aussi Zarina dans *Sardanapale ;* elle est également la Marie-Louise de *l'Age de Bronze*, l'ex-impératrice des Français qui, lors du congrès de Vérone, s'affiche au bras des pires ennemis de Napoléon, et symbolise la nature traîtresse de la femme, son absence de mémoire amoureuse, son aptitude à gommer le passé, à renier « l'homme de sa vie », à tourner la page. Et, à défaut d'être Béatrice, Annabella sera, dans *la Prophétie de Dante*, le modèle de la femme de Dante, Gamma, *la fiera moglie più ch'altro mi nuoce,* que le poète italien, sous la plume blessée de Byron, évoque ainsi aux derniers vers du premier chant : « ... ma ville inexorable, où sont encore mes fils et leur mère fatale, la froide compagne qui m'apporta la destruction pour dot. »

Si Annabella, la froide compagne, *the cold partner*, va obséder Byron jusque durant l'ultime journée missolonghienne, ce sera pour d'autres raisons que celles qui font que l'écrivain n'a jamais oublié les femmes qu'il a aimées, que ce fût Mary Duff — son premier amour, quand il avait neuf ans —, ou Mary Chaworth — son flirt d'adolescence —, ou Caroline Lamb — sa plus passionnée maîtresse —, ou l'infidèle lady Oxford, ou la fidèle comtesse Guiccioli, ou Augusta... Déterminément tourné vers le passé, comptable attentif de chacun de ses instants de bonheur, montant la garde auprès de ses amours anciennes telles les saintes femmes auprès du tombeau de Jésus-Christ, Byron, ivre du vin perdu, est, à sa manière, beaucoup plus constant que celles qui lui font grief de donjuanisme et d'inconstance. Que, des années après leur séparation, le portrait ou le nom d'une femme qu'il a aimée surgisse devant lui, et aussitôt son cœur se met à battre la chamade. Ses flirts, ses maîtresses, Byron ne les oublie pas, il continue d'y songer avec nostalgie, dans le secret de son cœur — un secret que ses livres trahissent sans cesse —, il les aime toujours. Quand, à seize ans, il apprend que Mary Duff vient d'épouser un certain Cockburn, il est pris de convulsions ; quand il revoit Mary Chaworth après qu'elle s'est mariée avec l'insignifiant John Musters, il en est bouleversé, et cette pénible, frustrante rencontre redouble son amour : « ... je ne dois plus revoir vos charmes ; car tant que je suis près de vous, je soupire après tout ce que j'ai connu naguère. Le plus sage pour moi est de fuir... »

Byron n'oublie pas, et il exige qu'on ne l'oublie pas. Il hait l'oubli, il le tient pour la plus abjecte des impiétés, pour le plus misérable des mensonges. La mémoire, c'est l'identité, la victoire sur la décomposition et la mort, et le rôle de l'artiste est précisément de se souvenir, de fixer dans son œuvre l'éclat fugitif de la vie. Si la lecture de *Glenarvon,* le roman que leurs amours ont inspiré à Caroline Lamb, a touché Byron plus qu'il ne l'a irrité, c'est que, par-delà la sévérité du portrait que son ex-amante y traçait de lui, ce roman témoignait que la passion était toujours brûlante dans le cœur de la jeune femme. Byron met en scène des amantes sublimes qui refusent de survivre à l'homme qu'elles aiment — Zouleikha dans *la Fiancée d'Abydos,* Myrrha dans *Sardanapale* —, et cela illustre ce qu'il disait à Medwin : « Mon imagination s'est toujours plue à revêtir les femmes du *beau idéal* » —, mais il sait que dans la vie les matrones d'Éphèse sont plus nombreuses que les veuves qui s'immolent sur le bûcher de leur époux défunt, et il est horrifié par la promptitude avec laquelle les femmes inconsolables se consolent, par leur aisance à rejeter leur manteau de deuil, *mourning suit* (*Don Juan,* II, 139), à effacer tout ce qu'elles ont jusqu'alors vécu. C'est vrai de la mort, cela l'est plus encore de la rupture. Byron n'ignore pas que celle-ci fait partie des risques de la vie amoureuse : il a parfois été abandonné, mais il a, lui aussi, abandonné ; il est même, d'une certaine façon, un spécialiste de la rupture. Cependant, lorsqu'il rompt, cela ne signifie pas qu'il ait cessé d'aimer, de désirer, de souffrir. Quand il a rompu, à Londres, avec Caroline Lamb, ou, à Venise, avec Margarita Cogni, c'était parce que l'une et l'autre de ces fleurs carnivores avaient fini par se rendre insupportables avec leur jalousie, leur hystérie, leur prétention à le régenter, leurs bouderies, leurs colères frénétiques ; parce que les cris, les pleurs, les menaces de mort ou de suicide, les gifles et les coups de couteau, les scandales de ces deux tigresses avaient transformé sa vie en un cabanon harassant. Ce furent un souci de sauvegarde, un réflexe d'égoïsme, et le goût de son propre destin, qui décidèrent Byron à se séparer, à cinq ans de distance, de ces deux démons : assurément, ce ne fut point parce qu'il avait cessé de désirer ces sensuelles et voluptueuses jeunes femmes.

Au demeurant, même lorsque son désir s'usait avec le temps — tel fut, semble-t-il, le cas en ce qui touche Teresa Guiccioli —, ce glissement de l'amour-passion à l'amitié tendre s'opérait, chez Byron, toujours lentement : cette dégradation de l'élan sensuel était progressive, et il n'avait pas le souvenir d'avoir abruptement cessé de désirer une fille que jusqu'alors il désirait au suprême. Ce qui époustouflait Byron, le traversait cruellement, et nourrissait sa verve misogyne, c'était la diabolique soudaineté avec laquelle les femmes basculent de l'amour dans le désamour, sautent du lyrisme érotique le plus échevelé à la froideur agressive, passent du désir extrême au refus du moindre baiser, métamorphosent la passion en indifférence. Quel sexe infâme, et quelle impossibilité de rien fonder sur lui ! Dans *le Giaour,* un homme parle d'une maîtresse à jamais perdue comme de « l'étoile matinale de sa mémoire », *the morning star of memory.* Cette sentimentalité masculine n'a aucun sens aux yeux des femmes, toujours impatientes de jeter leur passé aux ordures, de l'oublier, de le recréer à leur guise. Sur cette nature inconstante et oublieuse des femmes, Byron est intarissable : « Elles diffèrent d'elles-mêmes comme le vin dément son étiquette, quand il est décanté » (*Don Juan*, XV, 6). Ou encore : « Pendant que Juan rêvait à la mutabilité, ou à sa maîtresse — ces termes sont synonymes... » (*Don Juan*, XVI, 20). Dans un certain ordre, cette perpétuelle menace de traîtrise et d'abandon s'accordait bien avec le caractère de Byron, qui était l'homme du discontinu, de l'instant, et qui n'aimait pas l'avenir. Seul le présent le captivait, et aussi le passé pour écrire ses livres. Du lendemain, il ne voulait pas entendre parler : le lendemain n'existait pas. Demain, il serait mort. Toutefois, si sa haine du futur rejoignait la haine proprement féminine du passé dans le désir de vivre *hic et nunc*, ces deux attitudes face à l'amour ne se confondaient pas ; elles demeuraient d'irréconciliables antipodes.

6

Clytemnestre

Une histoire d'amour qui finit mal, un couple qui se désagrège, une rumeur scandaleuse, quel intéressant sujet de conversation pour les dîners en ville ! La séparation de lord et lady Byron devait durablement alimenter les ragots de Londres. Pour ce bel animal sauvage de Byron, harcelé par des roquets jaloux depuis ses premiers pas dans la vie littéraire, c'était l'heure de la mise à mort, et de la curée. La société réglait son compte à l'immoraliste, au don juan, à l'ancien élève de « nos maisons » qui ne jouait pas le jeu de sa classe, à l'écrivain trop brillant qui se tenait à l'écart du monde des lettres, à l'esthète anarchisant aux opinions politiques en caracole, au flambeur poursuivi par les usuriers et les huissiers, à l'homme seul que ne protégeait aucune coterie, aucun parti, aucune secte.

« Miennes furent mes fautes, et mien soit leur salaire », *Mine were my faults, and mine be their reward,* écrira, quelques mois plus tard, Byron à la villa Diodati, première étape de son exil sans retour. De fait, c'est Byron qui, artisan vigilant de son propre malheur, a lui-même donné le signal du hallali, en priant sa femme de quitter le domicile conjugal avec leur enfant *(The Child will of course accompany you...)*, et de se retirer chez ses parents, à Kirkby Mallory, dans le Leicestershire. Nous avons la réponse écrite d'Annabella : « J'obéirai à vos désirs, et je quitterai Londres aussi rapidement que les circonstances me le permettront. » Le départ de lady Byron aura lieu le 15 janvier 1816. Byron ne la reverra jamais plus. C'est donc bien Byron qui a accompli le premier acte de rupture : Byron, ange exterminateur, éternel spécialiste du renvoi de l'autre, de la fuite, de la mise à mort de l'amour. Pourtant, ses biographes s'accordent sur ce point, il ne croyait pas à une séparation définitive, et ne la désirait pas. Dans son esprit, ce simulacre de rupture allait être pour Annabella une leçon, et pour lui une occasion de souffler, de se retrouver dans sa chère solitude, de consacrer son énergie à surmonter ses ennuis de santé et d'argent. Hélas! il jouait ainsi, sans le savoir, à l'apprenti sorcier ; il sous-estimait gravement la délétère dynamique de l'absence. Annabella allait s'habituer à vivre sans lui. Surtout, elle allait être livrée à l'influence de gens qui le détestaient.

Byron a d'abord cru qu'un vent de folie les avait soulevés, sa femme et lui : après la tempête, il attendait le retour dans les eaux calmes du port. Mais le bateau ne devait pas rentrer. Annabella n'avait plus pour lui ni amour, ni désir, ni tendresse, ni amitié ; elle n'avait plus que de l'indifférence — une indifférence à quoi se mêlaient l'hostilité, la rancœur, la dérision, la volonté de nier tout ce qui avait constitué leur rencontre. Dans sa lettre à Henry Brougham, où elle exprime son refus d'une réconciliation avec son mari, lady Byron écrit avoir « découvert qu'il n'y avait presque aucun crime contre lui-même qu'il ne fût décidé à commettre ». Cela n'est pas mal vu, et rejoint le mot de sa mère, que j'ai cité ci-devant *(it is not fit such men should live)*. Annabella accepte placidement l'éventualité du suicide de Byron : qu'il vive ou qu'il ne vive pas, elle s'en moque. Huit ans plus tard, elle le prouvera une dernière fois, en ne se dérangeant pas pour accueillir la dépouille mortelle de Byron, ramenée de Grèce en Angleterre à bord du *Floride*.

« Je l'aimais, et je l'ai détruite ! » s'exclame Manfred, évoquant le souvenir d'Astarté. Lady Byron, elle, n'aimait plus son mari, et, « morale Clytemnestre », a tout fait pour le détruire. Au premier chant de *Don Juan*, Byron a décrit cette alliance active de sa femme avec ses pires ennemis : « Elle tenait un registre où elle inscrivait les fautes de son mari, et ouvrit certaines malles contenant des livres et des lettres dont on pourrait tirer parti au besoin... Ceux qui entendirent ses accusations allèrent partout les répétant, et se constituèrent avocats, inquisiteurs, juges... Et puis, cette femme douce et bonne supportait avec tant de sérénité les malheurs de son époux ! semblable à ces dames spartiates qui voyaient tuer leurs maris, et noblement décidaient de ne plus jamais parler d'eux, — elle écoutait sans s'émouvoir toutes les calomnies déversées sur lui, et contemplait ses tortures avec tant de sublimité, que tout le monde s'écriait : " Qu'elle est magnanime ! " »

Dans sa retraite de Pise, Byron confiera à Medwin : « Je n'ai pas besoin de vous dire toutes les espèces d'injures et d'opprobres dont mon nom fut couvert dès que notre séparation fut rendue publique... Tous mes anciens amis prirent le parti de ma femme... On me regardait comme le pire des maris, comme le plus abandonné et le plus méchant de tous les hommes, et ma femme, comme un ange souffrant, comme la vertu personnifiée, et le modèle de toutes les perfections de son sexe. »

Parmi les gens du monde, la belle lady Jersey était la seule qui ne le considérât pas comme un monstre. Supérieure à l'approbation, elle décida de l'inviter chez elle, avec Augusta. Le jour de cette réception, qui était le 8 avril, quand Byron entra dans le salon de lady Jersey, les femmes présentes se levèrent, et sortirent de la pièce ; les hommes détournèrent la tête, pour n'avoir pas à lui serrer la main. Benjamin Constant, qui était là, observait la scène en silence. Cet affront de la société anglaise allait être le dernier : le 25 avril, à Douvres, Byron s'embarquait pour Ostende. Il ne devait jamais revoir l'Angleterre.

Ce qui, en ces mois terribles où tout ce qui formait sa vie s'était comme liquéfié, ce qui a sauvé Byron du suicide, ou de la folie, ce fut son amour, non de lui-même (car, n'en déplaise à ceux qui l'imaginent infatué de soi, Byron ne s'aimait guère), mais de sa destinée. Une phrase de Pascal l'avait frappé : « Je ne suis la fin de personne. » C'était la pensée la plus dure qu'il eût jamais lue — plus implacable encore que les plus misanthropiques apophthegmes de son cher La Rochefoucauld —, et la plus vraie. Ne se sentir la fin de personne, c'est s'exposer à être jugé « décevant » par les êtres qui vous approchent, vous aiment, et attendent beaucoup de vous. Byron était volontiers décevant, et il avait du plaisir à l'être : c'était un de ses luxes, sa façon d'échapper à celles qui prétendaient camper dans sa vie, un subterfuge de sa diététique amoureuse. La comtesse de Blessington, qui le décrira comme un homme égoïste, jaloux et indolent, observera à ce propos : « Il n'est pas étonnant que les hommes de cette nature se plaignent amèrement des femmes : ils les ont *désenchantées*. » Ce mot est très beau, et très juste. Cependant, Byron, malgré cette fatale propension à « désenchanter » les femmes qui s'éprenaient de lui, était moins cynique, et plus tendre, que le public ne se le figurait. C'était un salaud, soit, mais un salaud gentil, et le mal qu'il a pu faire à lady Byron, ou à Caroline, ou à Teresa, ou à telle autre amante, s'explique moins par la perversion que par l'inconscience. Dans son genre, Byron était une sorte d'innocent.

Que l'échec de son mariage soit demeuré en lui comme une plaie toujours ouverte, que ni l'éloignement ni le temps n'ont cicatrisée, est la meilleure preuve de la tendresse de ce cœur farouche et vulnérable. A l'époque où elle jouait à « la femme de Montaigne » et ne croyait pas indigne d'un bas-bleu d'aider son mari à faire son œuvre, Annabella avait recopié de sa main le manuscrit du *Siège de Corinthe,* et donc ces lignes : « Ils ne savent pas jusqu'où peut descendre l'orgueil dont les sentiments ont été déçus et flétris ; ils ne savent pas combien la haine peut brûler dans des cœurs passés de la tendresse à la dureté. » Infortuné Byron ! Certes, désormais il hait sa femme, et en Suisse, en Italie, en Grèce, il ne perd pas une occasion d'exhaler cette haine ; mais son cœur ne s'est pas endurci pour autant, et jusqu'à l'instant où il entrera en agonie, ses pensées seront douloureusement tournées vers cette épouse inexorable qui a toujours refusé de lui pardonner, de le revoir, de répondre à ses lettres, de réagir à la publication de ses livres, de lui donner le moindre signe de vie, et dont la conduite préhitchcockienne — *Lady vanished* — n'a pas cessé de l'exaspérer, et de le fasciner.

« Le cœur méprise la femme déloyale ; il oublie la

perfide et sa perfidie », écrivait Byron dans un poème de jeunesse. C'est trop facile pour être vrai, et en vieillissant l'amant de Caroline Lamb, l'époux d'Annabella Milbanke, a eu maintes occasions d'éprouver le manque d'efficace de son remède contre les souffrances de l'amour. Six ans après la séparation d'Annabella et de Byron, Marguerite Blessington, vivant avec celui-ci à Gênes, écrit : « Lady Byron occupe incessamment l'attention de son mari... Il m'a avoué que, lorsqu'il pèse la conduite de sa femme, sa réserve glacée, son silence obstiné, son refus de répondre à aucune lettre, son implacable ressentiment d'où ne perce pas même l'espoir d'une réconciliation à venir... il se laisse aller contre elle à la plus violente exaspération, et ne peut empêcher ses sentiments de déborder dans ses écrits... Le silence énigmatique de lady Byron le pique vivement, et tient à vif une plaie aussi saignante dans son cœur que si le coup venait d'y être porté. » Un an plus tôt, à Pise, Medwin dînant le 2 janvier chez Byron, et — en ce jour anniversaire — la conversation ayant porté sur le funeste mariage, écrivait à un ami : « Malgré le ton de raillerie dont lord Byron parle quelquefois de sa séparation d'avec sa femme dans *Don Juan,* et le propos qu'il répétait encore aujourd'hui, que sa seule reconnaissance envers lady Byron est l'heureuse impossibilité où il est de se marier maintenant ; il est évident que cette circonstance est l'épine dans son flanc, le poison dans la coupe de son existence. »

Le style de Medwin est mauvais, mais son observation est bonne. Byron a flirté, couché, avec autant de jeunes personnes que sa constitution et le sablier (car, même pour Byron, les journées n'avaient, hélas ! que vingt-quatre heures) le lui ont permis, mais parmi cette charmante et fugitive cohorte vite engloutie dans les eaux du Léthé, quelques visages ont échappé au naufrage, et continué de le hanter, spécialement celui d'Annabella, son juge et son bourreau. Tant qu'Annabella a été une épouse soumise, Byron a été odieux avec elle, la trompant ouvertement, et la traitant plus comme un meuble, ou comme une gouvernante, que comme une jeune mariée ; mais dès qu'elle a cessé de l'aimer et s'est pour jamais éloignée de lui, elle s'est mise à occuper une place cruciale, crucifère, dans sa mémoire et dans son cœur. Manfred, après que Némésis a fait apparaître le fantôme d'Astarté, dit : « Elle garde le silence, et ce silence m'a plus que répondu. » Jusqu'à sa mort, Byron souffrira du silence et de l'absence où s'est enfermée sa femme, et qui sont sa condamnation. C'est pourquoi la scène de *Sardanapale* où le roi, avant de se suicider avec sa maîtresse, revoit, après une longue séparation, son épouse légitime pour la dernière fois, est tant émouvante : de même qu'en écrivant *le Difforme transformé*, Byron imagine celui qu'il aurait été, guéri de son pied bot, de même, dans cette page de *Sardanapale*, il imagine ce que pourrait être, avant qu'il ne meure, une ultime entrevue avec Annabella.

Dès qu'il la voit, Sardanapale nomme sa femme par son prénom : « Zarina ! », et celle-ci répond : « Ce ton, ce mot, efface de longues années, et des choses qui les ont rendues plus longues encore. » Alors, Sardanapale de s'exclamer tendrement : « Ma douce Zarina, toi que j'ai offensée !... Je n'étais pas fait pour apprécier un amour tel que le tien, une âme comme la tienne... J'étais semblable au mineur qui, rencontrant une mine d'or vierge, découvre ce qui ne lui sera d'aucune utilité. »

Puis, Sardanapale avoue à Zarina que s'il l'a trahie avec des femmes qui ne la valaient pas, c'était parce que le mariage avait fait de leur amour un devoir, et qu'il déteste tout ce qui a l'apparence d'une chaîne.

Tendresse de Byron ! Et surtout, étonnante générosité de Byron ! car si Annabella était en effet une vierge, elle n'était pas une mine d'or : au mieux, une mine de plomb.

Il y a aussi ce beau dialogue entre Zarina et son frère Salémène :

Zarina : — Faut-il qu'il meure seul, et que je vive seule ?
Salémène : — Il ne mourra pas seul ; mais vous avez vécu seule pendant plusieurs années.
Zarina : — Cela est faux ! Je savais qu'il vivait, et moi je vivais avec son image.

Merveilleuse parole d'amour, qui triomphe de la séparation, des malentendus, de l'absence, de tout le mal que ces deux êtres se sont fait l'un à l'autre. Assurément, aux heures où Byron était obsédé par le désir de revoir sa femme, ne fût-ce qu'une fois, avant de mourir, et se berçait de consolantes chimères, il aimait à imaginer qu'Annabella aurait été capable de si tendres et généreuses paroles. Hélas ! elle ne l'était pas, cette punaise vengeresse, cette âme médiocre, ce petit format.

7

La Torture et le Temps

Celle qui, par-delà leur rupture, aurait pu faire siens les mots de Zarina, c'était Caroline Lamb, qui fut une excessive et exténuante maîtresse, un ange-démon (dans *Marino Faliero*, il y a une adolescente qui se nomme Angiolina, mais Caroline, elle, aurait pu s'appeler Angiolina-Diabolina), qui a rendu Byron fou de bonheur, de plaisir, de passion, puis qui, prisonnière de ce dragon bicéphale qu'est le goût de la possession et de la destruction, a métamorphosé leur paradis en enfer, l'a contraint à rompre, à la fuir (au deuxième acte du *Difforme transformé,* le diable dit à Arnold qu'il est plus facile de conquérir une femme que de s'en défaire), et à se réfugier dans les bras apaisants de la comtesse d'Oxford.

C'est à Caroline que Byron pensait en écrivant (*Don Juan*, IX, 73) que « l'amour est vanité ; il est égoïste du début jusqu'à la fin, excepté lorsqu'il n'est que pure démence, un esprit de folie cherchant à s'identifier avec le néant fragile de la beauté... » Et, toujours dans *Don Juan* (VI, 3), c'est le portrait de Caroline qu'il trace ainsi : « ... une femme impétueuse, opiniâtre, entière, jeune, belle, audacieuse, — prête à risquer un trône, le monde, l'univers, pour être aimée à sa manière, et à chasser les étoiles du ciel plutôt que de ne pas être aussi libre que les vagues quand la brise se lève, — une pareille femme (s'il en existe une) serait un diable, et pourtant elle ferait bien des manichéens. » Byron et Caroline ont rompu, ce fut une rupture chaotique et douloureuse, mais, à l'encontre de la mesquine Annabella, Caroline devait, comme plus tard la comtesse Teresa Guiccioli, demeurer fidèle au souvenir de son amant, qu'elle n'a jamais cessé d'aimer et qui, jusqu'à la fin, aura été le grand amour de sa vie. Bulwer-Lytton, qui fut un de ses proches, a noté que Caroline évoquait toujours le souvenir de Byron avec une tendresse nostalgique, et, si on l'attaquait devant elle, prenait feu pour sa défense. Lady Morgan cite dans ses *Mémoires* une lettre que Caroline lui adressa après la mort de l'écrivain : « Lord Byron, ce cher, cet ange, ce mal-guidé et mal-guidant Byron, que j'adore... »

Si Byron et Caroline ont rompu, ce n'est pas parce qu'ils ne s'aimaient plus, mais parce qu'ils s'aimaient trop, — d'un amour dévorant qui les a consumés. Ils se ressemblaient trop pour pouvoir durablement s'entendre : l'un et l'autre ils étaient des âmes fantasques, vives, coléreuses, jalouses, passionnées, aux rages violentes et aux sautes d'humeur dignes du cabanon ; ils avaient une même bizarrerie, une même irritabilité, une même impétuosité. C'est cette similitude de leurs natures qui explique l'intensité de l'amour-passion qui les a unis ; et son échec. Après la mort de son ex-amant, lady Caroline Lamb a écrit à Medwin, qui venait de publier ses *Conversations*, que Byron l'avait aimée comme jamais aucune femme n'avait été aimée, *he loved me as never woman was loved*. Je le crois, et je crois que la réciproque est vraie, elle aussi — cette belle lettre de Caroline à Medwin (qu'un byronien ne peut lire sans émotion) en témoigne d'abondance. « Il m'a brisé le cœur, et je l'aime toujours », *he broke my heart, and still I love him*. Pourtant, douze ans s'étaient écoulés depuis leur séparation, et leur aventure n'avait duré que *trois mois !* Qu'eût-ce été, si elle s'était étendue sur *trois ans !*

A l'automne 1812, tandis qu'il filait le parfait amour avec Jane Elizabeth Oxford, et que Caroline, pour le faire renoncer à sa décision de rompre, le menaçait de se tuer, Byron, exaspéré (et sans doute monté contre son ancienne amante par la nouvelle), écrira à lady Melbourne que Caroline était « la plus contradictoire, absurde, égoïste et méprisablement méchante des créatures humaines », et qu'il désirait ne pas la revoir jusqu'à ce qu'ils fussent enchaînés ensemble dans l'Enfer de Dante. Contradictoire, absurde, égoïste, c'était de *ses propres défauts* que Byron créditait Caroline ! Oui, ils ne se sont déchirés si fort que parce qu'ils se ressemblaient tant, et quand la comtesse d'Oxford le trompera avec un quidam (c'est toujours pour des hommes qui nous sont inférieurs, que les femmes nous trahissent, observera-t-il au quatorzième chant de *Don Juan*), Byron, ulcéré de cette trahison, s'avouera, dans une lettre à lady Melbourne du 29 juin 1813, plus « carolinesque » qu'il ne l'aurait cru : « ... to tell you the truth — I feel more *Carolinish* about her than I expected. » Et le 13 octobre de la même année, toujours à lady Melbourne, et toujours à propos d'Angiolina-Diabolina, il écrit : « Elle est aussi jalouse que *moi*, — le " nec plus ultra " de la monstrueuse jalousie. » Lorsque, dans *Manfred*, Manfred déplore la perte d'une maîtresse qui lui ressemblait, on comprend d'ordinaire qu'il s'agit là d'un amour incestueux, et certes Augusta n'est pas absente de cette scène ; mais le véritable inceste, c'est celui de deux âmes sœurs, soulevées par la même passion, les mêmes défauts, les mêmes excès, les mêmes folies.

Byron a raconté à Medwin comment, après leur rupture, Caroline, s'étant introduite chez lui en son absence, avait inscrit sur la page de garde d'un roman posé sur une table — c'était le *Vateck* de Beckford — ces mots : « Souviens-toi de moi ! », *Remember me !* Byron se souviendra d'elle, en public pour se féliciter d'avoir échappé à cette « furie », mais dans le secret de son cœur avec nostalgie, et ce n'est pas un hasard si le nom de sa Diabolina vient sous sa plume, lorsque, le 24 avril 1819 — donc plus de six ans après leur rupture — il écrit à Douglas Kinnaird pour lui annoncer sa rencontre avec la Guiccioli : « Je suis, il y a moins d'un mois, tombé amoureux d'une comtesse romagnole de Ravenne... elle a vingt ans, elle est blonde comme le soleil levant, et chaude comme le midi du jour... Elle est une sorte de Caroline Lamb italienne, si ce n'est qu'elle est beaucoup plus jolie, et n'est pas aussi sauvage. Mais elle a la même tête brûlée *(the same red-hot head),* le même noble dédain de l'opinion publique — avec la superstructure de tout ce que l'Italie peut ajouter à de pareilles dispositions naturelles... Je suis diablement amoureux... »

Cette Caroline Lamb italienne devait, pour le bonheur de son amant, se montrer plus Angiolina que Diabolina : un ambigu de Vénus et de Junon, alliant la sensualité avec la douceur, la jeunesse au sérieux, l'aristocratie de vieille souche avec le mépris du *cant* mondain, la gaieté avec le calme, la beauté à la constance, — exactement la compagne dont, en ce moment de sa vie, Byron avait besoin. Jusques alors, les femmes qui l'avaient sexuellement captivé étaient — de Caroline à Margarita — des amazones hystériques ; quant aux paisibles femmes d'intérieur — Annabella, Suzan Boyce —, elles étaient de médiocres amoureuses, et le manque de tempérament était aux yeux de Byron, chez une maîtresse, une tare dirimante. Pour la première fois de sa vie peut-être, Byron aimait une femme qui ne l'ennuyait ni au lit ni en ville, qui était folle de lui mais qui ne lui pompait pas l'air, qui n'était pas un bas-bleu mais qui avait de l'esprit et le faisait rire, qui n'avait pas seize ans mais était jeune encore, et qui en outre était mariée — ce qui donnait à leurs ébats cette touche de clandestinité et d'interdit qu'il appréciait tant ; pour la première fois de sa vie peut-être, Byron se découvrait plus heureux dans la fidélité que dans la dispersion. La marquise Origo cite une lettre de Shelley, datée du 9 août 1821, à sa femme, où il se félicite de la bénéfique influence exercée par la *contessina* sur son génial amant : « Lord Byron s'est amélioré à tous les points de vue : en talent, en caractère, en moralité, en santé, en bonheur. Sa liaison avec la Guiccioli lui a fait un bien inestimable. » Et, treize jours plus tard, Shelley écrira, cette fois à Teresa, qu'elle aura été le « bon ange » de Byron, celle qui l'a mené « de la nuit à la lumière ».

Cette « nuit », ce sont les fameuses « débauches » de Venise, au sujet desquelles ce même Shelley écrivait à Peacock, le 22 décembre 1818 : « Lord Byron est lié avec des femmes de la plus basse extraction, que ses gondoliers racolent dans la rue. Il s'abouche avec des pères et des mères pour que ceux-ci lui prostituent leurs filles. Il s'associe à des misérables qui paraissent presque avoir perdu l'allure et la physionomie d'êtres humains, et qui n'ont pas de scrupules à avouer des pratiques qui non seulement en Angleterre ne sont pas nommées, mais je pense même rarement conçues. » C'est sur cette dernière phrase de Shelley, sur les aveux de Byron à Medwin à propos de « l'indolence efféminée de Venise qui tend à énerver l'esprit et le corps », et aussi sur *Marino Faliero* où, par le truchement du vieux doge, Byron appelle Venise « l'enfer des eaux, la Sodome de la mer », que certains biographes se fondent pour affirmer que notre pair du royaume s'est abandonné, à Venise, aux passions pécheresses que, depuis son retour d'Orient, il avait dû, par prudence, juguler.

Cocteau disait que les mauvaises mœurs sont la seule chose que les gens nous prêtent sans exiger que nous la leur rendions. De fait, dès lors que vous êtes un écrivain qui rassemble sur son nom une réputation de liberté et des livres sulfureux, le public a sur vos amours des idées toujours fort précises, et il disserte sur vos jeux d'alcôve avec autant d'assurance que si vous l'aviez convié à tenir la chandelle. Cela s'aggrave encore lorsque vous avez accoutumé de séjourner dans des villes connues pour la précocité sensuelle de leur jeunesse : vivre, hier à Venise ou à Marrakech, aujourd'hui à Bangkok ou à Manille, est déjà, en soi, une sorte de peccavi, et, lorsque vous êtes réveillé un matin d'automne, à l'heure du laitier, par la police, mis en garde à vue, perquisitionné, puis traîné au Quai des Orfèvres comme un malfaiteur, ces messieurs photocopient les pages de votre passeport où figurent vos successifs visas pour les Philippines avec le sourire gourmand d'enquêteurs qui ont le sentiment de détenir là d'importantes pièces à conviction. Quand on s'embarque pour Venise ou pour Manille, au lieu de rester sagement à Hyde Park ou au jardin du Luxembourg, on plaide coupable. « Dis-moi où tu vas, et je te dirai qui tu es. » Les voyages sont des confessions.

En réalité, les vraies confessions d'un Byron, ce sont ses livres : eux seuls importent. A Venise, Byron a écrit *Manfred*, le quatrième chant de *Childe Harold*, *Beppo*, et les quatre premiers chants de *Don Juan :* cela suppose beaucoup de solitude, beaucoup de silence, beaucoup de travail, et les coucheries de Byron à cette époque ne regardent ses lecteurs que dans la mesure où elles ont, d'une manière ou d'une autre, influé sur ce travail, soit pour le nourrir, soit pour le contrarier. Tant original et à contre-courant que soit un écrivain, sa vie est, sur bien des points, celle de tout le monde, et ses aventures, ses passions, ses actes ne nous intéressent que parce qu'ils ont inspiré, fécondé, irrigué ses livres : si Byron n'avait pas vécu ce qu'il a vécu, il n'aurait pas écrit ce qu'il a écrit.

Au demeurant, sa vie vénitienne a sans doute été moins crapuleuse qu'on ne le prétend, et la meilleure réponse aux accusations de « débauche », c'est Byron lui-même qui la donne, dans une des lettres découvertes en 1976 au fond d'un coffre de la banque Barclays. Le 10 avril 1817, il écrivait à Scrope Davies : « Je fais l'amour, mais seulement avec une femme à la fois, et aussi paisiblement que possible. Les sales Anglais de Rome et de Florence mentent grossièrement et inventent toutes sortes d'absurdités. » Ces ragots des voyageurs britanniques, Byron en avait connaissance par ses amis. Un an plus tard, le 22 avril 1818, Shelley lui écrira de Milan : « Vous ne vous faites pas une idée de la stupidité des histoires qui circulent à votre sujet et trouvent crédit auprès du plus grand nombre, mais dont rient les gens sensés, et même nos compatriotes éclairés. C'est le sort commun à tous les êtres d'exception. Quand Dante passait dans la rue, les vieilles se le montraient du doigt en disant : " Voilà celui qui est descendu aux enfers avec Virgile ; regardez donc comme sa barbe est brûlée. " Les histoires qu'on raconte sur vous à Venise sont aussi incroyables et monstrueuses ; mais pourquoi y feriez-vous attention ? »

Bonne question. Pourquoi en effet, Byron y ferait-il attention ? Et pourquoi Shelley, huit mois jour pour jour après avoir dénoncé les médisants, se faisait-il (dans sa lettre à Peacock traduite ci-devant) leur complice ? Peut-être, dira-t-on, parce qu'en arrivant à Venise il a observé que ces prétendues calomnies étaient la vérité. Soit, et alors ? Quand une femme vous a trahi, abandonné, moralement ruiné, effacé de sa vie, que pouvez-vous faire d'autre que de chercher l'oubli dans ce que les critiques littéraires appellent, en fronçant les sourcils, « une vie inavouable » ? C'est ce qu'a voulu exprimer Byron, au troisième chant du *Childe* :

« ... le cœur se brise, mais, brisé, il continue à vivre. Comme un miroir brisé que le verre multiplie dans chaque fragment, et qui forme mille images de l'image originelle unique, la même, et d'autant plus multipliée que les brisures sont plus nombreuses, ainsi fait le cœur qui se souvient : il vit sous un masque atomisé ; et calme, froid, exsangue, il souffre d'une douleur qui ne dort pas... Il y a une vie réelle dans notre désespoir, vitalité du poison, — une racine vivace qui nourrit ces branches mortes... »

Si l'unité est le signe de Dieu, et la multiplicité celui du diable (« mon nom est Légion »), c'est assurément une chute infernale, de troquer la nuptialité contre le libertinage, la constance contre le donjuanisme, de passer de l'idéal de la Vierge à celui de Sodome, mais à qui la faute ? C'est Annabella qui a cessé d'aimer Byron, qui l'a renié, qui l'a rejeté comme un serpent rejette une peau morte. Lorsqu'une femme se détourne de l'homme qu'elle aimait, s'emploie à le rendre odieux au monde, ne répond ni à ses lettres ni à ses livres (qui sont pleins d'elle), afin qu'il comprenne qu'elle ne l'aime plus, qu'elle l'a pour jamais rayé de son existence, qu'elle n'a plus besoin qu'il vive, peut-on s'étonner, ou s'indigner, de ce que ce mort-vivant (« There is a very life in our despair... ») se fasse vampire, c'est-à-dire ogre, veuille achever l'œuvre de destruction, éprouve un mauvais plaisir à profaner tout ce qu'il y avait en lui de beau, et de pur ? Déjà, dans *Heures de loisir,* s'adressant à Mary Chaworth, Byron écrivait : « Ce que mon cœur cherchait en toi seule, il va, hélas ! tenter de le trouver chez plusieurs. Adieu donc, décevante jeune fille. » Et des années plus tard il notera dans son journal intime que c'est le désespoir qui a conduit Tibère vers les « plaisirs très vicieux » auxquels il s'est livré dans sa retraite de Caprée.

Pour moi, mon unique étonnement est que Byron n'ait pas fait assassiner Annabella. Un commando de tueurs, voilà ce qu'aurait mérité la traîtresse. Si Byron (qui certes y a pensé) a renoncé à cette salubre opération, c'est pour la raison qu'il a exprimée deux fois : la première dans une lettre à sa femme du 5 mars 1817, et la seconde dans *la Lamentation du Tasse.* « Je ne suis pas assez humble pour être vindicatif », écrit Byron à Annabella ; et il fait dire au Tasse emprisonné : « Je suis trop fier encore pour vouloir me venger. » Hélas ! nos vertus sont nos pires ennemies : c'est notre sensibilité qui nous rend vulnérable aux souffrances du cœur; c'est notre magnanimité qui nous perd, face à des diablesses qui, elles, ne nous font pas de cadeau; c'est notre mémoire qui, cruellement, nous prive des joies opiacées de l'oubli. Notre mémoire, et aussi notre énergie vitale, puisque, comme l'écrit excellemment Byron dans *le Giaour*, « seuls les cœurs forts peuvent ressentir ces blessures que le temps ne guérit jamais » :

> *And sterner hearts alone may feel*
> *The wound that time can never heal.*

Byron n'oublie rien. « Je croyais que le temps, je croyais que mon orgueil avaient enfin éteint mon amour adolescent; mais dès que je fus assis près de toi, je sus que mon cœur — l'espoir excepté — était en tout le même », écrivait-il déjà, dans sa jeunesse, après avoir revu Mary Chaworth, mariée et mère de famille. Mary, du moins, avait accepté de le revoir, et s'était montrée fort émue de cette rencontre. Lady Byron, elle, tient leur amour pour une page définitivement tournée; elle vit froidement, bourgeoisement, leur rupture, et c'est ce que lui, cœur toujours à vif, il ne conçoit pas, ni n'accepte. Quand il apprend qu'elle a présidé, à Londres, un bal de charité, il explose de rage : « Qu'importent les angoisses d'un époux et d'un père ? qu'importe que dans l'exil ses douleurs soient grandes ou petites, pourvu qu'ELLE s'entoure de la gloire du pharisien, et que les dévots patronnent son " bal de charité " ?... Les souffrances du pécheur ne sont que justice, et la dévote réserve sa charité pour le bal. » Annabella, fatiguée de jouer à la garde-malade au chevet du grand homme à moitié fou, a abandonné celui-ci, pour devenir l'infirmière du monde entier. C'est la version médicale de l'Elvire de *Don Giovanni*.

De nos jours, Annabella répondrait, quand on lui parlerait de Byron : « Qu'il meure ! », et travaillerait dans un service hospitalier de réanimation.

Byron était surpris du comportement de sa femme, et, dans le même moment, ne l'était pas tant que ça. Il savait, pour l'avoir souvent éprouvé et écrit, qu'une femme extrême dans le don de soi l'est aussi dans le rejet de l'autre : « ... féminine veut dire furieuse, parce que chez la femme toutes les passions sont portées à l'extrême » (Sardanapale, dans *Sardanapale,* III, 1). Cela dit, surprenante ou non, l'attitude de sa Clytemnestre est aux antipodes de ce qu'il voudrait qu'elle fût : elle est donc, à ses yeux, monstrueuse. D'où, parfois, ses cris de désespoir, et de haine. « Ma femme vivra donc éternellement ? » *Will my wife always live?* écrit-il à Hobhouse le 20 août 1819. Et, quelques mois plus tôt, le 17 mai, toujours à Hobhouse, en marge du premier chant de *Don Juan :* « Pourquoi vous tourmenter au sujet de Donna Inez ? Elle n'est pas Clytemnestre, et si elle l'était, allez-vous protéger cette monstresse, dont je puis dire, comme Jacopo Rusticucci, chez Dante, qu'elle est " la méchante femme qui, plus que quiconque, m'a nui " ? N'est-ce pas à cause de cette " Porca buzzerena " qu'on a essayé de m'exposer sur terre au même stigmate qui, dit-on, marque Jacopo en enfer ? Quoi ! le grotesque caractère d'une femme exaspérante dans un poème burlesque devrait être supprimé ou modifié parce qu'une méprisable et hypocrite scélérate pourrait passer pour l'avoir inspiré ? Supposez-vous que je puisse jamais pardonner, oublier, perdre de vue cette femme ou les siens avant d'être anéanti ? »

La comtesse de Blessington lisait les livres de Byron, et elle interrogeait celui-ci sur les portraits cruels qu'il y faisait de sa femme. « Oh ! me répondait-il avec son sourire, en hochant la tête, j'écris cela pour la piquer et la vexer, quand son refus obstiné de répondre à mes lettres, et même de les recevoir, me monte la tête contre elle. Mais le sarcasme n'est dans mon cœur que de l'amour retourné. » De fait, il fallait être lady Byron pour lire sans émotion cette correspondance à sens unique (« correspondance » et « sens unique », ces deux mots jurent !) qui s'est établie entre eux depuis leur séparation de janvier 1816, pour n'être pas troublée par cette alternance pathétique de lettres tendres (« Oh ! Bell ! à vous voir ainsi étouffer et détruire tous vos sentiments, toute votre tendresse... ») et sévères (« Si vous pensez vous réconcilier avec vous-même en accumulant de la dureté envers moi, vous êtes à nouveau dans l'erreur, vous n'êtes ni heureuse, ni en paix, et vous ne le serez jamais... »), qui, les unes et les autres, expriment la nostalgie et le désarroi. Hélas ! cette obstination de Byron à vouloir obtenir de sa femme une réaction, sinon amoureuse du moins simplement humaine, était typique des illusions masculines ; elle témoignait une grande candeur ; elle confirmait que ce Don Juan était un sentimental, et ce « pervers » un naïf. Byron ne comprenait pas, ou ne voulait pas admettre, qu'Annabella était *sans mémoire* ; qu'elle n'éprouvait ni remords ni regret ; qu'elle avait tracé sur leur commun passé une croix définitive, et gommé, effacé, gratté ce qu'ensemble ils avaient vécu ; que ni dans son esprit ni dans son cœur il n'en restait *rien*. C'est ce qu'un homme sensible, et singulièrement un artiste dont l'œuvre est fondée sur la mémoire, a le plus de mal à accepter, parce que cela lui fait *ontologiquement* horreur. Et pourtant telle est la vérité, l'âpre vérité.

Le refus de lady Byron de lire les *Mémoires* de son mari est, à cet égard, révélateur. « J'ai consigné dans mes *Mémoires*, racontera Byron à Medwin, l'histoire complète de mon mariage et de ma séparation. Après les avoir achevés, j'écrivis à lady Byron pour lui offrir de les lui soumettre, afin que la moindre erreur, la moindre inexactitude, s'il en existait, ce qui n'était pas à ma connaissance, pût être corrigée. » Annabella devait décliner cette offre, aigrement. *Sanctissima simplicitas !* Quel innocent, ce Byron ! quel nigaud ! Il fallait une singulière dose d'ingénuité pour se figurer que Clytemnestre se souciait, si peu que ce fût, de *l'exactitude*. Annabella désirait oublier le passé, maquiller la vérité, et il fallait pour cela qu'elle pût les recréer selon sa fantaisie : des *Mémoires* véridiques étaient le contraire de ce qu'elle souhaitait, et rien n'aurait pu lui être plus pénible que d'être contrainte de les lire — au moins du vivant de son mari. Elle refusa donc, au vif étonnement du candide Byron, et exprima même le souhait que ce livre ne fût jamais publié. Ah ! elle ne jouait plus son personnage de groupie byronienne ! Morte, la lectrice passionnée du *Corsaire !* Morte, la parfaite secrétaire qui recopiait de sa main les manuscrits de *Parisina* et du *Siège de Corinthe !* Morte, « la femme de Montaigne » ! Le pauvre Byron ne revenait pas de cette métamorphose, et sa stupeur indignée était celle de l'amateur qui a acheté, mettons en janvier à Londres, une splendide icône du XVIIe siècle, et qui découvre, deux ans plus tard, en août à Paris, que ce n'est qu'une misérable copie, un faux grossier.

Il ne restait plus au crédule Byron qu'à rétablir la vérité dans ses livres. « Si la garce Inez ressemble à certaine autre garce... » (lettre à Scrope Davies, 26 janvier 1818). Dieu merci, passant outre aux réticences de son éditeur, de sa maîtresse et de ses amis, Byron a tenu à publier *Don Juan* de son vivant. Pour ses *Mémoires*, il a eu l'imprudence de décider que la parution en serait posthume : chacun sait la manière dont lady Byron, en épouse aimante, en héritière fidèle, en lectrice éprise de l'œuvre de son mari, a, dès la mort de l'écrivain, diligenté la destruction de ce gros manuscrit. Certes, les *Mémoires* ayant été lus par plusieurs personnes avant l'autodafé d'Albermale Street — Doris Langley Moore raconte cela de façon très détaillée —, je suis de ceux qui persistent à croire qu'un jour — demain ou dans cent ans — une copie de ce livre détruit surgira, miraculeusement, de quelque coffre de banque, de quelque grenier poudreux ; ce nonobstant, la légèreté de Byron dans cette affaire demeure confondante — remettre ainsi l'unique exemplaire de son texte à son ami Moore —, d'autant que c'était un livre auquel il attachait un prix particulier. « Il semblait, écrit la comtesse de Blessington, jouir d'avance de la sensation que produirait la publication de ses *Mémoires*, et s'amusait à me nommer les personnes qui devraient trembler entre toutes. » Quoi qu'il en soit, cette fatale destruction, par des exécuteurs testamentaires infidèles et des héritiers abusifs, d'un manuscrit « scandaleux » demeuré inédit du vivant de l'auteur, est une précieuse leçon pour les Byron de l'avenir. Quand on m'objecte, d'un ton pincé : « Cela ne vous gêne pas de publier votre journal, de livrer ainsi, de votre vivant, votre intimité au public ? », j'ai un moment d'hésitation, puis je pense à lady Macbeth, pardon ! à lady Byron — *terms synonymous* —, et je signe le bon à tirer.

Lorsqu'une femme se désennamoure d'un homme, le cercle dans lequel, après la séparation, elle se retrouve, influe décisivement sur son attitude. Byron savait — il l'a dit à Medwin — qu'Annabella vivait depuis leur rupture parmi des gens qui le haïssaient, et que ses dispositions d'épouse malheureuse « étaient fortifiées par les manœuvres infernales des dépositaires de sa confiance ». C'est ainsi qu'il attribuait à l'entourage de sa femme la volonté méchante de celle-ci de rompre tout lien, même épistolaire, avec lui, ce refus névrotique de lire ses nouveaux livres. Annabella se donnait beaucoup de mal pour le convaincre que cette volonté et ce refus étaient des preuves de son indifférence, mais Byron s'obstinait à y voir les marques d'un amour blessé. Comme il aurait triomphé, s'il avait su que sa femme avait lu, quasiment en cachette, le quatrième chant de *Childe Harold* à sa parution en 1818 :

« Mais j'ai vécu, et n'ai pas vécu en vain : mon esprit peut perdre sa force, mon sang sa flamme, et mon corps périr dans son combat contre la douleur, il y a en moi quelque chose qui épuisera la Torture et le Temps, et me survivra quand je ne serai plus ; quelque chose qui n'est pas de ce monde et dont ils ne se doutent pas, semblable au souvenir des sons d'une lyre muette, qui pénétrera leurs esprits adoucis et éveillera dans ces cœurs aujourd'hui de pierre le tardif remords de l'amour. »

« Le passage est probablement destiné à faire une grande impression sur *moi* », a noté en marge lady Byron. C'est peu, mais de la part de quelqu'un d'aussi coincé qu'elle c'est déjà beaucoup. Toutefois, Byron ne le saura jamais, et il est mort persuadé que sa femme, ayant renié non seulement l'homme mais aussi l'écrivain, ne le lisait plus.

8

Mon amour assassiné

« Il a aimé la reine, — et puis, après elle, trois mille courtisanes », dit Bélésès du roi, dans *Sardanapale*. Si Annabella avait eu une conduite moins frénétique, si, après leur séparation, elle avait gardé avec Byron ces rapports courtois et bienveillants que, lui, il souhaitait, elle n'aurait été qu'une des nombreuses femmes qui ont traversé sa vie, un numéro sur une liste, et la bague qu'elle portait au doigt n'eût été qu'une maigre singularité. Au contraire, en témoignant à son mari, jusqu'à la fin, une rancune implacable, en jouant avec application à celle qui a disparu, en devenant l'archétype de la femme de ressentiment, elle s'est assuré une place unique, elle s'est rendue inoubliable : dans le cœur de Byron, d'abord, telle une blessure toujours venimeuse, et ensuite dans les nôtres. D'une certaine manière, lady Byron a choisi la meilleure part, ou plutôt l'une des deux meilleures, l'autre, celle de l'amour-passion, du « delirium » disait Byron, ayant déjà été prise par sa cousine Caroline, l'incomparable Angiolina-Diabolina.

« Je ne saurais exister sans quelqu'un à aimer », écrivait Byron à lady Melbourne, le 9 novembre 1812, alors qu'il venait de passer des bras de Caroline Lamb à ceux de Jane Elizabeth Oxford. Oui, c'est vrai, tempérament combustible, amoureux universel, ce grand solitaire n'a jamais été seul, il a toujours eu quelqu'un pour lui chauffer ses draps ; mais si les corps ont varié, la fin, elle, est demeurée inchangée : la mise à mort. Nietzsche s'est enthousiasmé pour le cri de Don José, dans *Carmen :* « Je l'ai tuée, je l'ai tuée, ma Carmen adorée ! » Il aurait pu semblablement célébrer celui d'Hérode, dans les *Mélodies hébraïques* (composées par Byron du temps où il vivait avec Annabella) : « Ô Mariamne ! le cœur qui fit verser ton sang saigne maintenant pour toi... mon amour assassiné !... A moi le crime, à moi l'enfer, à moi l'éternelle désolation du cœur ; je les ai trop méritées, ces tortures qui me consument sans relâche. »

« Mon amour assassiné ! », *my murder'd love !* Ce meurtre de l'amour qui enfante le remords, la nostalgie, est le génie musagète de l'œuvre de Byron ; c'est un de ses thèmes récurrents. Ainsi, dans *Parisina,* Azo immole Parisina et Hugo, quoiqu'il sache que ce double meurtre le fera souffrir, bien qu'il les aime l'un et l'autre. Il les tue, et c'est la descente en enfer. « Il n'y avait plus pour lui de joie ou de douleur ; il ne lui restait ici-bas que des nuits sans sommeil, des jours qui lui pesaient, une âme morte au blâme ou à la louange, un cœur se fuyant lui-même, — ne voulant point fléchir, — ne pouvant oublier. »

Rien n'est plus byronien. L'auteur de *Don Juan* se faisait aimer, par curiosité sensuelle, par plaisir de vérifier son pouvoir de séduction, mais il ne supportait pas qu'on l'aimât. Il désirait que ses maîtresses fussent passionnées, fidèles, mais pas trop envahissantes — ce qui est la quadrature du cercle. L'amour, très vite, l'encombrait. Aussi préférait-il détruire ce qu'il avait créé pour se retrouver seul, et libre ; pour transformer ses aventures en livres, car lorsqu'on a le nez sur un objet, si charmant soit-il, on ne le voit pas bien : l'analyse psychologique exige un certain recul. Les jeunes femmes qu'après avoir pêchées il rejetait à la mer, n'étaient pas assez littéraires pour se consoler avec la pensée qu'un jour il ferait d'elles des héroïnes de roman. Deux d'entre elles — lady Caroline Lamb et Margarita Segni — ont tenté de le poignarder. La plupart de celles qu'il a « aimées » (je mets des guillemets en souvenir de ce qu'il a dit un jour à lady Melbourne, et que rapporte Leslie A. Marchand : « Je ne crois pas à l'existence de ce qu'on appelle l'Amour »), l'ont tenu pour un monstre, un type horrible, qui séduisait les femmes, puis, une fois qu'il avait captivé leur cœur, les abandonnait. « C'est un démon », disait de lui Mme de Staël (qui n'a jamais été sa maîtresse, ce qui prouve, par parenthèse, qu'il n'y a pas que les femmes avec lesquelles nous couchons qui aient mauvaise opinion de nous). Le rêve des femmes, c'est de dompter l'homme qu'elles aiment, et plus celui-ci est indomptable, plus leur rêve est tenace. Lorsque Caroline Lamb, tombant amoureuse de Byron, note dans son journal intime : « Ce beau visage pâle sera mon destin », cela signifie en clair : « Ce beau visage pâle sera mon destin, et je serai le sien. » Dans les premiers temps de sa liaison avec lui, la comtesse Teresa Guiccioli éprouvera de la compassion pour lady Byron ; mais très vite, devenue jalouse du passé de son amant, elle proclamera qu'elle ne veut pas entendre parler de ce qu'il a vécu avant le mois d'avril 1819, qui est celui de leur rencontre, et ne supportera plus qu'on évoque devant elle le spectre de l'épouse légale. Elle aussi, comme les autres, se mettra à détester tout ce qui dans la vie de Byron n'est pas *elle,* y compris l'écriture, les heures où il s'enferme pour écrire, et lui échappe. Dans une lettre du 8 octobre 1820, Byron explique à Murray qu'il n'a jamais pu écrire, ou recopier, une scène entière de *Marino Faliero* sans être interrompu par sa maîtresse qui désirait faire l'amour. Tels sont les travaux forcés de la galanterie. *Cavalier Servante, Cavalier Schiavo,* et Byron, qui, de son coin de paradis, m'observe malicieusement et voit à quel rythme syncopé analogue cette *Diététique* est écrite, sourit, constate que rien n'a changé sur notre bonne vieille terre, et prie les jolis angelots bissexuels qui l'entourent de lui jouer à la harpe, en mon honneur, l'ouverture de *Cosi fan tutte.*

Retournons chez la comtesse Guiccioli. Byron, dans une lettre à Kinnaird citée par Iris Origo, évoque « l'absurde gent féminine » et « l'égoïsme féminin » qui, par leurs gémissements possessifs, empêchent un homme de « partir pour accomplir un noble devoir ». Sous la plume de Byron, qui était totalement dépourvu du sens du devoir (« Laissez le devoir à Dieu », disait-il sèchement à Augusta chaque fois que celle-ci mettait la conversation sur cet épineux sujet), cette formule prête à sourire, mais elle indique qu'il commençait à se lasser de l'amour, paisible mais néanmoins tentaculaire, de la *contessina,* et que, s'il n'était pas mort en Grèce, ses amours romagnols eussent été, à leur tour, et comme les amours précédents, assassinés : *My murder'd love!* Teresa Guiccioli a inspiré à Byron le personnage de Myrrha dans *Sardanapale,* et en était légitimement fière. Si, au lieu de mourir à Missolonghi, Byron, vivant assez vieux pour participer à la victoire finale sur les Turcs, était devenu le premier roi de la Grèce indépendante (Robert Escarpit a montré la vraisemblance de cette hypothèse), il n'est guère probable que la nouvelle Myrrha ait alors retrouvé son volage Sardanapale : au contraire, tout porte à croire (un an avant son départ pour la Grèce, à Gênes, il parlait déjà de cet amour au passé : « J'ai été passionnément amoureux de la comtesse... » disait-il à lady Blessington) que c'est la mort prématurée de l'écrivain qui a sauvé la jeune Italienne d'une rupture et lui a permis de demeurer, aux yeux du monde, sa dernière maîtresse, l'ultime dépositaire officiel de son amour (« officiel », car il existe aussi un ultime dépositaire officieux, le petit Lucas Chalandristanos, un enfant grec de quinze ans).

Dans *Sardanapale*, Myrrha déclare : « C'est le devoir d'une femme de mourir avec celui qu'elle aime », et elle se tue avec son amant. La comtesse Guiccioli, elle, ne montera pas sur le bûcher funèbre, elle survivra, mais elle survivra dans la fidélité passionnée au souvenir de Byron ; en admiratrice fervente ; en grande prêtresse du culte byronien. Chère Teresa ! Je n'aime pas la condescendance avec laquelle certains des biographes de Byron parlent de vous. Sous leurs plumes, votre fraîcheur, votre naïveté, votre piété, votre amour sont autant de preuves à charge qu'ils utilisent pour vous déprimer et vous railler. Laissez-les distiller leur fiel, qui est sans importance : du pipi moisi de rats de bibliothèque. C'est une chance merveilleuse qu'a eue Byron de vous rencontrer, — et que vous l'aimiez. Vous lui avez apporté, quand il était en vie, la paix, le bonheur, et, après qu'il est mort, vous avez défendu son œuvre, sa mémoire, avec une opiniâtreté tranquille qui balance heureusement les abandons et les trahisons de tant d'autres. Un écrivain qui a eu dans sa vie une Angiolina-Diabolina et une

Clytemnestre ne pouvait qu'espérer connaître avant de mourir et après sa mort une Teresa Guiccioli, un bel et bon ange gardien tel que vous. C'est à vous, et à vous seule, que songeait Byron, quand il faisait dire à Sardanapale émergeant d'un cauchemar : « Je ne me souviens de rien, sinon qu'au milieu de toutes ces tortures, j'appelais ta présence, et te cherchais, lorsque je m'éveillai et te trouvai près de moi » ; et prêtait cette réponse à Myrrha la fidèle : « Tu m'y trouveras toujours, dans ce monde et dans l'autre, si ce dernier existe. »

Être la compagne d'un écrivain, ce n'est pas simple. Il y faut une singulière dose de patience, et d'abnégation. Les défauts du créateur sont les défauts masculins ordinaires, mais hypertrophiés. Annabella reprochait à Byron son « égoïsme monstrueux ». Or tout homme est égoïste, et tout créateur est un monstre, — un despote exigeant et jaloux qui se croit le centre autour duquel le monde doit s'ordonner. Parmi nos épouses et nos maîtresses, les seules qui tiennent le coup sont celles qui aiment l'œuvre autant que l'homme, sinon davantage. Un tel amour, quand il existe, peut survivre à la mort, il atteint à l'éternité. Il est d'autant plus curieux de rencontrer une telle vocation oblative chez la comtesse Teresa Guiccioli qu'à l'origine, et contrairement à Mlle Milbanke et à lady Caroline Lamb, elle n'était pas une *Byron's fan,* elle n'était pas une lectrice. Quand elle a connu Byron chez la comtesse Albrizzi, puis le revit, cette fois décisivement, chez la comtesse Benzoni, elle n'avait jamais lu une ligne de lui. Byron n'en a que plus de gloire d'avoir exercé sur cette jeune personne une si prompte, profonde et durable emprise.

Elle le changeait agréablement de ses lectrices. Ah! les lectrices! On trouve chez Marchand et Grebanier

— les érudits ont du bon — des détails qui ravissent l'écrivain d'aujourd'hui, car ils témoignent, par-delà les siècles, de la permanence du cœur féminin. Il y a Claire Clairmont, la groupie qui accable Byron de lettres enflammées, qui rêve d'une aventure avec lui, qui prétend le connaître et l'aimer mieux qu'aucune autre femme, qui se jette à son cou, se précipite dans son lit, et qui, après la rupture, publiera des atrocités contre lui. Cela commence par un « Je ne suis pas digne de vous », et se termine par un « Vous m'avez affreusement déçue » : la trajectoire classique. Il y a Henriette d'Ussières, se proposant comme amante, comme secrétaire (« Je mettrai de l'ordre dans vos papiers »), voire comme femme de chambre (« J'allumerai votre feu ») : elle désire simplement vivre dans l'ombre de son grand homme, promet qu'elle marchera sur la pointe des pieds et ne fera pas grincer les portes. Byron hésite, finit par la recevoir, et, après une brève entrée en matière, lui propose de faire l'amour. Elle s'enfuit, horrifiée ; mais elle revient. Byron se trouvant avec des amis, Fletcher la cache dans une penderie, ce qui lui semble peu romantique : « Encore si cela avait été un souterrain, ou une chapelle en ruine, ou une cave pleine de têtes de morts et de serpents ! mais une penderie ! » Byron la découvre parmi les balais, et se met à rire. « Vous vous moquez de moi, alors que je suis au bord des larmes », proteste-t-elle. Ce n'est pas encore ce jour-là qu'ils coucheront ensemble. Il y a Elizabeth Francis, qui fait mille chichis avant de se laisser embrasser. Il y a Christina Falkland, veuve de lord Falkland, qui, depuis la mort de son mari, tué en duel, s'est mis en tête que Byron l'aime. Elle se reconnaît dans les pages d'amour de *Childe Harold,* elle croit être « la Vierge d'Athènes » (qui est en réalité Teresa Macri, une fillette de douze ans) et « Thyrza » (qui est en réalité John Edleston, un garçon de quinze ans). Elle écrit à Byron des lettres extravagantes où elle l'appelle « mon garçon adoré » et lui parle de leurs cœurs qui battent à l'unisson. Byron lui renverra ses lettres par l'intermédiaire de Hanson, mais elle reviendra à la charge : « Why, my adored boy... » Le digne professeur Marchand s'interroge : « Un poète a-t-il jamais été ainsi harcelé ? » Mais oui, cher professeur, et pire encore. Claire Clairmont, Henriette d'Ussières, Christina Falkland sont des types féminins *éternels* qui, à chaque génération, renaissent de leurs cendres.

Les zélatrices sont un peu envahissantes, et Byron, épistolier à éclipses, tarde parfois à leur répondre. Néanmoins, il prend toujours plaisir à recevoir ces lettres d'inconnues qui s'offrent à lui, soit ouvertement, soit en maquillant avec de la salade platonicienne et des considérations sur son œuvre leur désir d'une aventure sexuelle. A ses yeux, le principal mérite de ses livres est de lui valoir des rencontres amoureuses que, sans eux, il n'aurait jamais eues. Leur accent très personnel et leur ton brûlant faisaient que la petite troupe de ses jeunes lectrices était une troupe passionnée dont les lettres avaient un caractère d'intimité, de confidence, et, s'adressant à l'écrivain, bien sûr, mais aussi à l'homme, formaient souvent le point de départ d'une intrigue. A Pise, en 1822, Byron confiera à Medwin que s'il garde un faible pour *le Corsaire,* c'est que cet ouvrage a eu un vif succès dans « les boudoirs » et lui a valu des lettres de femmes « presque par chaque courrier ». Et d'ajouter : « Quel est l'auteur qui n'écrit pas pour plaire aux femmes ? Il y eut une dame qui devint amoureuse de Shelley à cause de ses vers ; et une Mlle Stafford fut tellement éprise du *Sopha* qu'elle s'en fut en France, et épousa Crébillon. Voilà quelques-unes des douceurs du métier d'auteur. » Dans un poème qui date de la même époque, griffonné en voiture sur la route de Florence à Pise, Byron s'exclame : « Ô renommée ! si jamais j'ai pris plaisir à tes louanges, c'est moins à cause de tes phrases sonores que pour lire dans les yeux brillants de celle qui m'est chère qu'elle ne me jugeait pas indigne de l'aimer. »

Aujourd'hui, toutes ces femmes, celles qui ont joué un rôle d'importance dans la vie de Byron, et celles qui l'ont seulement traversée, n'existent que parce qu'il les a aimées. Déjà, de leur vivant, ces jeunes personnes ne vécurent véritablement que durant la période où elles partagèrent sa vie : après la rupture, une Mary, une Annabella, une Caroline, une Teresa, se banalisent, s'étiolent. Cela est, à l'évidence, plus vrai encore de leur destin posthume : c'est le soleil byronien qui fait que nous nous intéressons aux satellites qui, durant sa carrière terrestre, ont amoureusement gravité autour de lui. Sans lui, nul ne saurait seulement qu'elles ont existé. Elles peuvent bien l'avoir abandonné, trahi, oublié : à lui le dernier mot, à lui la victoire, puisque désormais, et pour l'éternité, elles ne survivent plus qu'à travers lui, grâce à lui. Telle est la signification de ces deux prémonitoires vers de *la Lamentation du Tasse :*

Aucune puissance ne pourra séparer nos noms après la mort,
Comme rien pendant la vie n'a pu t'arracher de mon cœur.

Byron mort, Teresa se réconciliera avec son mari, le comte Guiccioli. Lorsque celui-ci mourra à son tour, elle épousera à Paris, en la chapelle du Luxembourg, un Français, le marquis de Boissy. Ce dernier la présentait toujours de cette manière : « La marquise de Boissy, ma femme, ci-devant maîtresse de lord Byron. »

9

Les fruits verts

Le courrier que recevait Byron était principalement féminin. Cela ne signifie pas que les jeunes garçons — ceux, par exemple, qui l'avaient remplacé sur les bancs de l'école de Harrow — étaient insensibles à ce mixte de lucidité et de ferveur, d'amour de la vie et d'inadaptation à la société, de désespoir et de rébellion, de nihilisme et de pugnacité, qui ressortait de chacun de ses livres ; mais les garçons de quinze ans ne sont pas aussi mûrs, ils sont plus enfants, que les filles de leur âge ; ils lisent peu, et écrivent encore moins. Ceux d'entre eux qui ont un don épistolaire sont l'exception. En outre, si à l'âge des *praetextati mores* Byron a vécu des amitiés amoureuses avec des « rejetons de noble souche », *noble scions* — le comte de Clare, le duc de Dorset, le comte Delawarr —, dès qu'il est entré dans l'âge adulte, les garçons qu'il a aimés d'amour — John Edleston, l'enfant de chœur de Cambridge, Robert Rushton, le « petit page » de *Childe Harold,* Eustache Georgiou, qui était prêt à le suivre en « Terra Incognita », Nicolas Giraud, un des « sylphes » du couvent capucin d'Athènes, ou Lucas Chalandristanos, qui lui a inspiré à Missolonghi son ultime poème — ont tous appartenu aux classes inférieures de la société : aucun n'était un « littéraire », et la plupart ne savaient pas l'alphabet. Les rares lettres d'eux que nous possédons ne ressemblent en rien à celles des maîtresses de Byron ; elles expriment la déférence d'un jeune serviteur pour son maître, et non la tendresse d'un petit ami pour son amant : les gosses ont rarement la prose expansive, et les philopèdes d'hier et d'aujourd'hui ont tous reçu des épîtres de ce genre. On m'a dit que l'actuel John Murray serre dans son coffre deux lettres d'amour écrites en romaïque à Byron par un jeune garçon. Vrai ou faux (car peut-être ne s'agit-il que de celles du petit Eustache, dont parle le professeur Marchand dans une note de sa monumentale biographie, et qui ne sont pas d'amour), les lettres passionnées que Byron a pu recevoir de gamins ont été incommensurablement plus rares que celles de jeunes filles et de femmes. C'est *une* des raisons pour lesquelles les garçons, quoique relativement nombreux, ont laissé dans sa vie peu de traces scripturaires et ont longtemps été passés sous silence par ses biographes ; mais il y en a *d'autres*.

Le 22 mai 1811, au large de Malte, Byron sort son carnet et griffonne de mémoire quelques vers de l'*Ode à Vénus* : « Moi, ni femme ni jeune garçon ni espoir crédule d'un cœur qui réponde au mien, ne me plaisent plus... », *Me, nec femina nec puer*... Le naturel avec quoi Horace parle de ses goûts ambidextres fut le partage de toute l'Antiquité gréco-romaine ; il fut aussi celui de Byron, dont les lecteurs attentifs ont toujours su qu'il aimait certes les femmes, mais que dans la femme c'était l'enfant qu'il cherchait, et que ses désirs sensuels se portaient principalement aux moins de seize ans de l'un et l'autre sexe. Sans doute, Byron a-t-il délibérément gazé l'identité réelle de la jeune personne qui lui a inspiré certaines stances du deuxième chant de *Childe Harold* (« Toi dont la vie et l'amour ensemble disparus m'ont laissé ici-bas aimer et vivre en vain... ») ainsi que les poèmes à Thyrza : dans nos vertueux pays d'Europe le code pénal n'a jamais encouragé les amours avec les enfants de chœur, et Byron avait de fort légitimes raisons de souhaiter que le public crût que John Edleston, le joli soprano de la chapelle de Cambridge dont la voix séraphique et les tendres baisers lui donnaient envie de croire en Dieu, était une femme : les philopèdes sont les *carbonari* de l'amour, et ils avancent dans la vie masqués de velours, ou de fer. Cependant, pour qui sait lire, le masque de Byron est un masque transparent, et il l'a toujours été, depuis son premier livre, *Heures de loisir,* dont le sujet unique est la passion des moins de seize ans, filles ou garçons, jusqu'aux derniers chants de *Don Juan,* où sont racontées les aventures du « couple plutôt singulier », *a rather curious pair,* que forment le jeune héros et Leila, une fillette de dix ans.

Déconcerter les imbéciles est un des plus grands plaisirs simples que puisse s'offrir un homme d'esprit, et Byron a dû beaucoup rire, lorsque Medwin lui a rapporté qu'un de ses amis pensait que « la mystérieuse Thyrza » était... un ours ! Cet ami de Medwin est assurément l'ancêtre du sexologue, épinglé dans *les Moins de seize ans,* qui met les amoureux de l'extrême jeunesse dans le même sac infamant que les zoophiles. Oursons et gamins de tous les pays, unissez-vous ! Peut-être est-ce aux oursons et aux oursonnes — qui sont de vilains petits gourmands, comme chacun sait — que songeait Byron, quand il a écrit dans *Beppo,* à propos du charme des adolescentes, boutons près d'éclore : « Il y a de la nurserie dans tout ce qu'elles disent, — et puis, elles sentent toujours la tartine de beurre. »

Si les fillettes et les oursons aiment les tartines de beurre, *bread and butter,* Byron, lui, aimait la transgression. Le 13 octobre 1813, il écrivait à lady Melbourne qu'en amour « le danger et la difficulté ajoutent au piquant ». A cette époque, il venait d'être abandonné par lady Oxford, mais il se revanchait de cette inconstante maîtresse en tentant de séduire sa fille, Charlotte, âgée de onze ans. C'est ce goût de l'interdit qui explique l'amalgame d'audace et de mystère, de secrets et d'aveux, de clandestinité et de provocation, d'archangélisme et de pieds fourchus, qui caractérise son œuvre, et sa vie. Dans *Don Juan,* il fait l'éloge des vérités qui ne doivent pas être dévoilées au vulgaire, parce qu'elles « ne peuvent être d'aucune manière appréciées par les non-initiés » (XIV, 22), et dans une des plus belles stances de *Childe Harold* (IV, 93), il affirme que, penser librement étant un crime aux yeux de la société, « la vérité est un joyau qui aime les profondeurs », *truth a gem which loves the deep* (et il faudrait traduire « deep » par « les profondeurs ténébreuses » pour exprimer le double sens, physique et moral, de cette clandestinité nécessaire qu'évoque ici Byron). Celui-ci était, comme Lara, « doué d'une plus grande capacité d'amour qu'il n'en est accordé à la plupart des enfants de la terre », mais il savait aussi que cette impétuosité érotique n'est pas acceptée par le monde, et que les libertins « qui aiment les fruits verts », *who like sour fruit (Don Juan,* X, 54), doivent s'ils ne veulent pas avoir sur le dos les mères et les juges, enfouir leur amour, ou partir pour le pédophile Orient.

Dans *Lord Byron's Marriage,* G. Wilson Knight

dénonce avec vigueur ce qu'il appelle « un siècle de falsification, de fabrication, de distorsion, et même de mensonge, dans les études byronistes ». Il a en partie raison, et c'est vrai que les commentateurs de Byron ont écrit d'innombrables livres sur ses femmes, mais aucun sur ses petits garçons ; qu'ils ont exagéré l'importance de sa liaison « incestueuse » avec Augusta, et minimisé celle de ses goûts pédérastiques. Cependant, il convient de ne pas quitter une « distorsion » de la vérité pour retomber dans une déformation qui, pour être son antipode, est tout aussi néfaste.

Byron était philopède, il n'était pas homosexuel, et ceux qui aujourd'hui noircissent des pages et des pages sur son homosexualité — le « stigmate » qui marque Jacopo Rusticucci en enfer, chez Dante — commettent une erreur plus grave encore que celle commise jadis par ceux qui n'osaient parler *que* de ses amours féminines, car si Byron a en effet été couvert de femmes, il n'a jamais eu de liaison avec un homme, ni même avec un jeune homme. Ce n'était pas leur future masculinité qui, chez les garçons dont il tombait amoureux, attirait Byron, mais au contraire leur grâce, leur fraîcheur, leur vénusté, tout ce qui les faisait être « jolis comme des filles ». Quand Byron s'éprend de George Delawarr, âgé de neuf ans et « étonnamment beau, presque trop beau pour un garçon », c'est un sentiment qui n'a pas grand-chose à voir avec « l'homosexualité », et qui s'apparente bien davantage — les moins de seize ans, filles et garçons, formant un véritable troisième sexe — au désir que, quelques années plus tard, il éprouvera pour les trois fillettes de Mme Tarsia Macri, la veuve d'un ancien vice-consul anglais à Athènes, ou pour Charlotte Harley, la fille de lady Oxford, ou pour Angelina, l'adolescente vénitienne.

Le 3 mai 1810, Byron écrit à Henry Drury : « J'ai presque oublié de vous dire que je meurs d'amour pour trois jeunes filles grecques d'Athènes, trois sœurs. Deux d'entre elles ont promis de m'accompagner en Angleterre. Teresa, Mariana et Katinka sont les noms de ces divinités, toutes les trois au-dessous de quinze ans. » C'est la plus jeune, Teresa, âgée de douze ans seulement, qui lui inspirera un poème intitulé *la Vierge d'Athènes*, où il dit son désir de dévorer de baisers cette jolie bouche impubère : *By that lip I long to taste...* De retour à Londres, c'est sur Charlotte, autre ravissante impubère de onze ans, qu'il jette son dévolu. Il lui dédie la septième édition de *Childe Harold* : « Ne me demande pas pourquoi, si jeune encore, tu inspires mes chants... » lui écrit-il dans l'épître dédicatoire, *A Ianthe*. Je ne sais si Charlotte le lui a demandé, mais ce dont je suis sûr, c'est que sa maman, elle, qui était alors la maîtresse de Byron, s'est posé quelques questions en lisant cette étrange dédicace. C'est toujours avec une secrète jalousie que les mères voient leurs filles entrer dans la carrière amoureuse, et assurément la comtesse d'Oxford eût préféré que ces vers où l'élan sensuel fait éclater à chaque mot le corset platonique, fussent adressés à elle, et non à sa propre fille. Onze ans est un âge qui a toujours fasciné l'auteur de *To Ianthe*. Le comte de Clare avait onze ans quand Byron s'éprit de lui, et le 5 avril 1813, Byron, confessant à lady Melbourne sa passion coupable pour la petite Charlotte, enfonce le clou : « Je l'aimerais éternellement si elle pouvait toujours n'avoir que onze ans... » Il est difficile d'être plus précis, et nous connaissons, mon ami René Schérer et moi, un juge d'instruction qui, au vu de tels aveux, aurait inculpé Byron illico. C'est, il est vrai, un juge d'une chasteté et d'une vertu nompareilles, qui pense avec lady Noel, la mère d'Annabella, que « de tels hommes sont indignes de vivre ».

En Grèce, ce n'est ni avec Teresa ni avec ses sœurs que Byron a couché, mais avec Nicolas Giraud et Eustache Georgiou. Le 29 juillet 1810, il écrivait à Hobhouse : « A Vortitza, j'ai retrouvé mon tendrement bien-aimé Eustache, prêt à me suivre non seulement en Angleterre, mais jusqu'à la Terra Incognita, si ma boussole indique cette direction. » Quant à Nicolas Giraud, il voulait vivre avec Byron, et mourir avec lui. « Je suis son " Padrone " et son " amico " et le Seigneur sait quoi d'autre encore. » Le 23 août, toujours à Hobhouse, Byron raconte que la veuve Macri (Macri-maquerelle) lui a offert sa fille de douze ans contre une somme d'argent, mais qu'il a refusé. « J'ai de meilleurs divertissements », conclut-il, faisant une allusion très claire aux « sylphes » du couvent des Capucins, et en particulier à Nicolas Giraud, son favori, auquel, de retour à Londres, il fera, le 12 août 1811, un legs de 7 000 livres — disposition testamentaire jugée extravagante *(sic)* par un honorable angliciste, M. Martin, qui d'évidence n'a jamais eu dans son lit ni garçon de quinze ans ni fille de onze.

Hobhouse, le confident, le compagnon de voyage, a annoté un exemplaire de *la Vie de Byron* par Thomas Moore. En marge des pages sur Harrow, il a écrit : « Moore ne sait rien, ou ne dira rien, de la cause principale et du motif de ces amitiés garçonnières. » Hobhouse lui-même savait-il tout ? Il était parti pour l'Orient avec Byron, mais, écourtant son voyage, il avait regagné l'Angleterre avant que la liaison de son ami avec le petit Nicolas n'eût pris sa pleine dimension. Byron notera à ce propos, dans son journal intime du 10 mars 1814 : « Hum ! les gens vont quelquefois bien près de la vérité, mais ils ne la devinent jamais tout entière. Hobhouse ignore ce que j'étais durant l'année qui a suivi son départ du Levant ; et nul ne le sait... »

Tout cela sonne très pédérastiquement, mais, je le répète, la pédérastie chez Byron signifie l'amour des moins de seize ans de l'un et l'autre sexe, et je ne suivrai pas Wilson Knight dans ses efforts pour réduire à la portion congrue le rôle qu'ont joué les femmes dans la vie de notre grand homme. Je veux bien que Caroline Lamb, avec ses courts cheveux blonds, son teint frais, sa silhouette gracile (Byron la jugeait trop maigre, il préférait les femmes un peu rembourrées, style comtesse Guiccioli) et son habitude de se déguiser en page (telle Kaleb, la jeune compagne de Lara), ait ressemblé à un petit garçon (« boyish-looking », écrit Marchand) ; je veux bien qu'Annabella ait eut des tendances saphiques, et que, dans leur funeste trio, elle ait été jalouse de Byron au moins autant que d'Augusta ; en revanche, Wilson Knight se laisse égarer par son obsession homosexuelle, quand il écrit, par allusion à la version « chaste » que, dans sa vieillesse, Teresa a donnée de leurs amours : « Avec Teresa Guiccioli, Byron fut heureux quelques années. La nature de leur relation est incertaine, et nous ne pouvons même pas être sûrs que Teresa était coupable de quelque trop grande exagération quand plus tard elle a prétendu que cette relation fut purement platonique. Ceci est peut-être faux, mais probablement moins qu'on ne l'a cru. » Je proteste ! Il est vain de nier le très puissant lien érotique qui a uni les deux amants, sans lequel Byron ne serait assurément pas resté, comme il l'a été, si longtemps fidèle à sa jeune maîtresse ; et il est hasardeux de soutenir, comme le fait encore Wilson Knight, que Byron n'a pas lutiné les petites servantes de l'abbaye de Newstead, celles qu'il appelait « les filles de Paphos », ou de le prendre au pied de la lettre quand il dit n'avoir jamais séduit aucune femme — boutade d'un homme envahi par les lettres de ses admiratrices (« toutes écrivent, et veulent que je leur réponde », note-t-il dans son journal intime, le 10 mars 1814) ; d'un homme beau, fameux, auquel ses livres donnent une *aura* de scandale ; d'un homme qui n'a certes guère besoin d'user de l' « art de la séduction », *the spoiler's art* (*Childe Harold,* II, 34), pour que les jeunes personnes du sexe lui tombent dans les bras. Le professeur G. Wilson Knight n'a apparemment jamais connu une telle situation : ce n'est pas une raison de douter que d'autres puissent la vivre.

Le Don Juan byronien est le contraire d'un bellâtre, d'un macho, d'un type qui roule les mécaniques : c'est un androgyne tendre et sensuel, un enfant de seize ans, au visage de fille, « svelte et fluet, rougissant et imberbe » (IX, 47), un adolescent au bois dormant, « doux comme le jeune cygne sans plumes dans son nid » (II, 148), que de belles femmes, penchées sur lui tels des anges ou des succubes, éveillent aux plaisirs de l'amour. Chez Byron, Don Juan est moins séducteur que perpétuellement séduit par des femmes pédophiles (l'amatrice de très jeunes garçons, ou de très jeunes filles, est moins rare que ne le croient les sots), et il passe des bras de son initiatrice Julia dans ceux de Haïdée, puis, déguisé en demoiselle, dans ceux de la sultane Gulbeyaz (« c'est grand dommage qu'une simple chrétienne soit si jolie », soupire le sultan en voyant Juan), puis — devenu Juanna — dans ceux d'une odalisque du harem, la pulpeuse Doudou, et enfin de ceux de Catherine de Russie (« l'Impératrice aimait parfois un adolescent ») dans ceux de la folâtre duchesse de Fitz-Fulke. Byron détaille les amours de son héros et de ces ogresses avec beaucoup de gourmandise coquine ; le seul sur lequel il se tienne la bride courte est sa liaison avec Leila, la nymphette de dix ans : « Don Juan l'aimait, et elle l'aimait, comme ni un frère, ni un père, ni une sœur, ni une fille n'aiment. Je ne puis dire exactement ce que c'était... »

La comtesse de Blessington écrit : « Le plaisir qu'il paraît éprouver à parler de quelques-uns de ses compagnons d'adolescence, le charme qu'il jette sur ses souvenirs de cette nature, accusent une délicatesse d'âme, une tendresse de cœur, qui tiennent plus de la nature de la femme que du caractère de l'homme. » Je ne suis pas de l'avis de lady Blessington, et Byron non plus : c'est la femme qui est sans mémoire, et l'homme qui monte la garde, absurdement fidèle, auprès du tombeau vide. « Francesca ! — Oh, la fiancée qui m'était promise ! », *Francesca ! — Oh, my promised bride !* (*Le Siège de Corinthe*, 27). Mais laissons cela. Masculine ou féminine, cette volonté de vaincre l'oubli tient d'abord de la nature de l'artiste dont le passé spermatique féconde l'œuvre : si Byron, la tête toujours tournée en arrière, comme certains damnés de Dante, ne cesse de contempler ses amours mortes, ses bonheurs évanouis, ses traîtresses inoubliables, c'est parce que ce paradis perdu est le thème cardinal de chacun de ses livres, son génie musagète. Cela dit, Marguerite Blessington a raison de noter la fixation narcissique à quoi Byron s'abandonne en ce qui touche les moins de seize ans, une fixation qui remonte à des temps anciens : dès qu'il est passé de Harrow à Cambridge, Byron a souffert de quitter le monde de l'enfance et de l'adolescence pour celui des étudiants; le monde des mollets nus et des fraîches joues imberbes pour celui des pantalons et des barbus. C'est parce qu'elle exprime un refus de la maturité, un opiniâtre pied de nez aux grandes personnes, à leurs soucis, à leurs ambitions, à leur mode de vie, que la diététique de lord Byron (comme plus tard celle de ses meilleurs disciples, Dostoïevski, Baudelaire, Nietzsche) est essentiellement subversive, et qu'elle manifeste une violation radicale, irréductible, de l'ordre adulte.

Dans ses *Pensées détachées*, à la date du 5 novembre 1821, Byron a écrit quelques lignes, qui comptent parmi les plus fortes qui soient sorties de sa plume, et qui illustrent cette délicatesse d'âme et cette tendresse de cœur qu'a observées la comtesse de Blessington. Sur la route d'Imola à Bologne, Byron rencontre lord Clare, cet ami dont il avait été amoureux fou à l'école de Harrow, et qu'il n'avait pas revu depuis sept ou huit ans. « Cette rencontre, écrit-il, abolit pour un moment toutes les années écoulées entre l'instant présent et les jours de Harrow. C'était une sensation neuve, inexplicable, comme si je sortais du tombeau. Clare était lui aussi vivement ému, plus que je ne le paraissais moi-même; car je sentis les battements de son cœur à travers l'extrémité de ses doigts, à moins que ce ne fussent les pulsations de mon propre cœur que je sentais... Nous ne passâmes ensemble que cinq minutes, et sur la grand-route encore; mais j'ai de la peine à me souvenir, dans toute mon existence, d'une heure qui puisse être comparée à ces cinq minutes. »

Il y a aussi, ultime post-scriptum à ce texte, la lettre que Byron écrivit à Clare, de Missolonghi, le 31 mars 1824 : « J'espère que vous n'oubliez pas que je vous regarde toujours comme mon plus cher ami, et que je vous aime comme lorsque nous étions jeunes garçons ensemble à Harrow. Si je ne le répète pas aussi souvent que je le dois, c'est parce que je ne veux pas vous lasser avec ce que vous savez si bien. »

Dix-neuf jours plus tard, ce cœur qui avait tant battu s'arrêtait enfin de battre. Lord Byron emportait avec lui, dans le néant ou vers la lumière — ce n'est qu'à ma propre mort que je saurai laquelle de ces deux portes énigmatiques s'ouvre véritablement —, les baisers, les visages et les rires de Mary Chaworth et de George Delawarr, de Nicolas Giraud et de Caroline Lamb, d'Augusta et de Clare, d'Annabella et de Teresa, de Marianna et de Margarita, de Lucas et de Charlotte, — de tous les êtres qu'il avait aimés, et auxquels ses livres ont donné l'éternité, ainsi qu'au quatrième chant de *Childe Harold* il l'avait prédit : « Les êtres nés de l'esprit ne sont pas faits d'argile ; d'une essence immortelle, ils créent et multiplient en nous un rayon plus lumineux, une existence plus chérie... » L'été 1974, à Londres, lors de l'exposition consacrée à Byron, au musée Victoria et Albert, pour le cent cinquantième anniversaire de sa mort, les objets et les documents précieux abondaient. J'y ai vu, notamment, l'anneau de mariage de lady Byron, ce qui prouve que — contre toute attente — celle-ci ne l'avait pas jeté à la poubelle. Cependant, aucun manuscrit rare, aucun splendide portrait, ne m'a ému si intensément que les pauvres mèches de cheveux d'adolescentes, de jeunes femmes, de petits garçons que Byron a aimés, mèches blondes et brunes, poudrées par le temps, étrangement réunies dans les mêmes vitrines, comme ceux et celles aux fronts juvéniles de qui elles furent jadis coupées l'avaient été dans un même cœur.

10

Notre frère Satan

A Athènes, en 1811, séjournant dans le couvent des Capucins, Byron organisait des combats de boxe opposant les collégiens orthodoxes à leurs camarades catholiques romains. Il avouait un faible pour les papistes, du moins sur le ring, car au plumard il ne manifestait aucune préférence, et baisait les uns et les autres avec une égale bonne grâce. Byron était un tempérament œcuménique. Lorsqu'il faisait l'amour, il oubliait le *Filioque*.

Il est vrai que, calviniste, il ne se sentait pas directement touché par cette querelle de la procession du Saint-Esprit, et qu'en outre il avait accoutumé, depuis l'enfance, de mêler le parfum de l'amour au parfum de la religion : il n'était âgé que de neuf ans lorsque sa nurse, May Gray — un nom d'actrice pour un film muet d'Eric von Stroheim ! — l'avait, d'un même mouvement, initié aux joies de la religion et aux plaisirs de la chair. Le soir, après le dîner, cette jolie rousse de dix-sept ans (que Frédéric Prokosch, dans son roman *le Manuscrit de Missolonghi*, a métamorphosée, Dieu sait pourquoi, en une pouffiasse hideuse) lui lisait les pages les plus terribles de l'Ancien Testament, puis, se glissant, nue, dans le lit du petit garçon, elle le dévorait de baisers libertins et de voluptueuses caresses. Ensuite, ils se mettaient tous deux à genoux et demandaient pardon a Dieu, d'une seule voix, d'avoir ainsi succombé à la tentation. Ces cours de théologie sexuelle se poursuivirent durant plus de deux années. A onze ans, Byron savait dans ce domaine tout ce qu'un jeune garçon de bonne famille doit savoir : il était mûr pour fasciner ses petits camarades de Harrow.

Ses biographes sont d'ordinaire d'une extrême sévérité pour la nurse philopède, et noircissent des paragraphes émus sur les « violences » qu'elle fit subir à son élève. Pourtant, la vulgarité, la cruauté et le despotisme de sa mère ont exercé sur Byron, durant son enfance et son adolescence, une violence assurément plus lourde, et insupportable, que les doigts mignons et la langue experte de May Gray. Hélas! les adultes sont indécrottables : à leurs yeux, le sexe est l'unique domaine où l'autorité d'un adulte pèse sur un enfant de manière indue ; dans tous les autres, elle est légitime, et un père qui martyrise ses enfants est puni avec moins de rigueur qu'un instituteur qui tripote ses écoliers. Byron, lui, n'a jamais regretté cette précoce initiation aux mystères de Vénus : cela est manifeste quand on lit le charmant récit que, dans *Don Juan,* il fait du déniaisage de son petit héros, joli comme une fille, « that half-girlish face », par une jeune femme mariée, la belle Julia. Sans doute pourrait-on soutenir que ses amours avec sa gouvernante ont fixé, voire déterminé, la pédophilie de Byron, son irrépressible goût des moins de seize ans. Encore que je n'y croie guère, cet argument se retourne contre ceux qui l'avancent, car si Byron est devenu philopède à cause de ses jeux particuliers avec sa *baby-sitter,* cela signifierait qu'il n'en aurait pas gardé un trop mauvais souvenir.

Quoi qu'il en soit, c'est peut-être à May Gray que Byron doit cette sensibilité gnostique, cet amalgame d'érotisme et de divin, cette vision carpocratique du mystère de l'Incarnation qui marqueront sa vie, et une œuvre où (dans *le Ciel et la Terre*) même les anges se laissent subjuguer « par des affections mortelles pour une mortelle jeune fille », *by mortal feelings for a mortal maid*. Évoquant dans *Childe Harold* la cour de la reine Marie Ire du Portugal, Byron écrit que « la messe et l'orgie s'y succédaient à tour de rôle ». Voilà une excellente définition de ce que fut sa propre vie où coexistèrent toujours les moines et les courtisanes, la débauche et l'ascétisme, la liberté créatrice du poète et l'assujettissement du libertin à ses désirs sensuels, la nostalgie du salut et l'attrait de la damnation.

Mais laissons là Vénus — « la déesse de Paphos », c'est ainsi que Byron appelait en 1808 Caroline Cameron, la blonde et mercenaire beauté de quinze ans qui faisait alors ses délices —, et tournons-nous vers le Dieu des chrétiens que May Gray, entre deux étreintes, lui avait appris à craindre, et à prier, mais que la lecture assidue de l'*Histoire du déclin et de la chute de l'Empire romain* — Byron a été, dès son enfance, un *fan* de Gibbon — lui avait fait considérer d'un œil plus critique, sinon moqueur. Dans une lettre à Dallas, le 21 janvier 1808, veille de son vingtième anniversaire, Byron a décrit quels étaient alors ses sentiments touchant la religion :

« Je me suis autrefois cru philosophe, et j'ai débité des absurdités avec une gravité admirable. Je défiais la douleur et prêchais l'égalité d'âme... A la fin, une chute de cheval me convainquit que la souffrance physique est un mal, et, renversant mes maximes, cet accident changea mon humeur en un moment : j'abandonnai donc Zénon pour Aristippe, et je conçus que le plaisir constitue le *to kalon*. En morale, je préfère Confucius au Décalogue, et Socrate à saint Paul, bien que les deux derniers s'accordent dans leur opinion sur le mariage. En religion, je suis partisan de l'émancipation des catholiques, mais je ne reconnais pas le pape ; et j'ai refusé le sacrement (de la communion), parce que je ne pense pas que manger le Pain et boire le Vin que je reçois de la main d'un vicaire terrestre fasse de moi l'héritier du ciel. Je considère la vertu en général, ou les différentes sortes de vertus, comme tenant à l'organisation de l'homme ; je regarde chacune d'elles comme une manière de sentir, et non comme un principe. Je crois que la vérité est le premier attribut de la Divinité, et la mort un sommeil éternel, au moins pour le corps. Vous avez là un bref compendium des sentiments du *pervers* George lord Byron, et jusqu'à ce que je me procure un habit neuf, vous vous apercevrez que je suis mal vêtu. »

A vingt ans, les jeux sont faits — ils le sont beaucoup plus tôt pour des garçons aussi précoces que l'était Byron —, et au moment de mourir notre pair d'Angleterre n'aurait pas, pour l'essentiel, renié cet autoportrait qui date de son entrée dans l'âge mûr. Zénon, Aristippe, le Christ, Byron n'a jamais cessé de balancer au carrefour, d'aller de l'un à l'autre, perpétuel transfuge. « Alors, mes passions étaient toutes des serpents vivants, enlacés autour de moi comme ceux de la Gorgone », dit Werner, évoquant son adolescence, dans *Werner*. Byron, à l'encontre de la plupart des hommes, qui perdent leur âme en devenant adultes, est resté fidèle à ses passions de collégien, dans tous les ordres. C'est ainsi que, bien qu'Aristippe et Épicure s'accordassent mieux à son tempérament égoïste et sensuel, il n'a jamais rompu avec ses maîtres stoïciens. Certes, leur prétention à l'impassibilité — le taureau de Phalaris ! — ne le persuadait guère, mais il a toujours eu un faible pour leur déterminisme, l'*amor fati* qu'enseignent Zénon et ses successeurs (en particulier Sénèque et Marc Aurèle, deux de ses auteurs favoris) rejoignant dans son esprit la doctrine calviniste de la prédestination. Byron appartient sur ce point (et quelques autres) à la même famille spirituelle que Spinoza, Schopenhauer et Nietzsche, ne croit pas au libre arbitre, et, lorsque dans *le Ciel et la Terre* il met en scène Noé, il fait parler à ce patriarche biblique la langue d'un philosophe stoïcien : « Cesse, dit Noé à son fils Japhet, de t'affliger, ou gémis en silence ; cesse de fatiguer le ciel de tes lamentations égoïstes. »

Si nous ne devons pas gémir, c'est d'abord parce qu'un gentilhomme ne pleurniche pas, et aussi parce que cela ne sert de rien. La Divinité que confesse Byron est celle d'Épicure, indifférente aux espoirs infimes et aux ridicules souffrances des humains. « Je crois en vous, dieux d'Épicure ! Je crois en La Rochefoucauld sur les hommes, et en Lucrèce sur vous », écrit-il le 17 novembre 1813, dans son journal intime. Lucrèce, son cher Lucrèce, qui est, avec Horace, l'un des deux poètes anciens qu'il cite le plus souvent, dont il faisait ses délices lors de sa brève liaison avec lady Oxford, et dont il dira, dans *Don Juan* (I, 43), que son irréligion est trop forte pour de jeunes estomacs : *Lucretius' irreligion is too strong/For early stomachs...* L'estomac de Byron, grâce à (ou malgré) son régime diététique, était solide, et en mesure de digérer les épicuriennes négations du *De rerum natura*. « Mon cher

Hodgson, écrit-il le 3 septembre 1811, — je n'ai rien à faire avec votre immortalité : nous sommes assez malheureux dans cette vie, sans spéculer absurdement sur une autre. » Et de citer Sénèque dans *les Troyennes* : « Il n'y a rien après la mort ; la mort elle-même n'est rien : c'est le dernier terme d'une course rapide. N'espère ni ne crains rien d'une autre vie. Tu veux savoir où tu seras après la mort ? Là où sont ceux qui n'existent pas encore. Le Temps nous dévore avidement, et le Chaos. » Dans cette même lettre, à propos des païens, Byron s'indigne que l'Église puisse soutenir que des êtres seront damnés pour n'avoir pas confessé un Dieu dont ils n'ont jamais entendu parler, et il ajoute : « Je ne suis pas platonicien, je ne suis rien du tout ; mais j'aimerais mieux être paulicien, manichéen, spinoziste, gentil, pyrrhonien, zoroastrien, que d'appartenir à l'une de ces soixante-douze méchantes sectes qui s'entre-déchirent pour l'amour de Dieu et par haine réciproque. »

Byron se savait pécheur, opaque, mais il était ému par la transparence de la sainteté ; impur, par celle de la pureté. Quand il apprenait que telle jeune lectrice inconnue priait pour le salut de son âme, cela le touchait au suprême, car, aux antipodes de ce comportement évangélique, ce furent le manque de charité de tant de chrétiens orthodoxes, leurs certitudes en béton armé, leur hypocrisie — *the cant of christendom* — qui l'ont éloigné de l'Église. « La religion qui songe au pécheur égaré et prie pour lui est la vraie religion, disait-il un jour à la comtesse de Blessington, la seule qui pourrait me convertir jamais ; et mes premières impressions contre la religion datent du jour où j'ai commencé à remarquer dans presque tous les gens pieux le défaut de vraie charité chrétienne. » Cela n'a néanmoins pas fait de lui un athée. Être traité d'agnostique par les journalistes l'exaspérait, et il faisait alors remarquer que les thèmes religieux occupaient dans ses livres une place beaucoup plus considérable que dans ceux de la plupart des écrivains de sa génération. Jusqu'à la fin, il gardera le goût des entretiens théologiques, de ce qu'Aliocha Karamazov appelle « les éternelles questions », que ce soit avec les moines d'Athènes, ceux de Venise, ses maîtresses, ses amis, et les conversations qu'après sa mort ont publiées lady Blessington, Medwin ou le docteur Kennedy, sont pleines du diable et du bon Dieu.

Byron était chrétien, mais un chrétien d'une espèce particulière : un chrétien pyrrhonien. « Il y a en moi quelque chose de païen dont je ne puis me défaire », écrivait-il le 4 décembre 1811 (toujours à Hodgson, son correspondant préféré pour les disputes théologiques), en marge d'une réfutation du *Decline and Fall* de Gibbon par un certain Watson, professeur de religion à Cambridge. Byron était un caméléon métaphysique, une âme versatile, toujours en train de flotter, tel Pyrrhon, sur une mer de spéculation, *to float, like Pyrrho, on a sea of speculation* (*Don Juan*, IX, 18). Dans ses propos de table, mais surtout dans ses livres, il ne cesse pas de mettre l'accent sur l'impossibilité d'acquérir une certitude, et sur les systèmes philosophiques qui se dévorent successivement, tel Saturne sa progéniture : « Pour moi, je ne sais rien ; je ne nie, n'admets, ne rejette et ne dédaigne rien » (*Don Juan*, XIV, 3). En février 1814, dans son journal intime, il cite Horace (*Odes*, II, 3) affirmant que nous sommes tous, riches et pauvres, fameux et obscurs, des victimes promises à l'implacable Orcus : *Omnes eodem cogimur*..., puis commente : « Y a-t-il quelque chose au-delà ? Qui le sait ?

Celui qui ne peut le dire. Qui soutient qu'il y a quelque chose ? Celui qui ne le sait pas. Et quand le saura-t-il ?... Cela dépend en bonne partie de l'éducation, un peu des nerfs et des habitudes, mais surtout de la digestion. » Chez Byron, comme plus tard chez son disciple Nietzsche (« Il faut que j'aie avec le Manfred de Byron quelque parenté bien profonde ; tous ses gouffres, je les trouve en moi : à treize ans j'étais mûr pour lui », écrit celui-ci dans *Ecce Homo*), la métaphysique se confond avec la diététique.

Toutefois, ce sceptique était un sceptique *inquiet*, qui, après avoir expliqué à la comtesse de Blessington qu'il sentait la religion mieux que bien des chrétiens professionnels qui ont toujours Dieu à la bouche, lui avouait que son pyrrhonisme était combattu par l'idée, qui l'habitait parfois, que le sommeil de la mort n'est pas pur de songes : « Imaginez un rêve d'horreurs sans fin... » C'est une semblable crainte qui lui faisait écrire, au deuxième chant de *Don Juan*, qu'Épicure et Aristippe seraient des philosophes bien agréables à suivre, « si seulement ils pouvaient nous assurer contre le diable ». Eh oui ! il y a le diable, et, sur ce point, contre l'avis d'Épicure et de Lucrèce qui s'emploient à nous convaincre que nous n'avons rien à craindre *(Nil igitur mors est ad nos...)*, Byron, quelque part, est resté le petit garçon qui frissonnait en entendant les terrifiantes menaces bibliques de May Gray : il s'en tient à l'enseignement de l'Évangile, au 25ᵉ chapitre de saint Matthieu sur le Jugement Dernier, il n'a pas envie d'être damné, — tout en sachant, ainsi qu'il l'a écrit dans son journal intime, que « la menace de l'enfer fait autant de diables que les codes pénaux d'une société inhumaine font de scélérats ». Dans *Don Juan* (XI, 6), il affirme, de façon il est vrai un peu sardonique, qu'il n'a jamais douté de l'existence du démon, et dans une lettre de 1816, adressée à Shelley et citée par Bertrand Russell, il se définit comme « méthodiste, calviniste et augustinien ». Quelques mois avant sa mort, en Céphalonie, conversant avec James Kennedy, lorsque celui-ci soutiendra que l'enfer existe, mais que Dieu est si bon qu'il n'y met personne, et qu'au jour du Jugement l'humanité entière sera sauvée, Byron, dans un sursaut d'orthodoxie (« Quand je souffre des accès de la maladie, je me sens beaucoup plus orthodoxe », *Don Juan,* XI, 5), réfutera cette hérétique doctrine de l'apocatastase, du salut universel, pour laquelle l'Église a condamné Origène.

Le diable et son enfer occupaient une place trop importante dans les œuvres de Byron le schismatique, de Byron le rebelle, pour que ce dernier s'en laissât déposséder. « Satan, notre frère, est tombé ; sa volonté brûlante a mieux aimé affronter la souffrance que de continuer à adorer » (*le Ciel et la Terre,* III). Byron ne voulait pas qu'on lui ôtât la souffrance, ni les craintes subtiles des châtiments infernaux. Si on le privait de la peur de l'enfer, que lui resterait-il ? Il n'admettait pas que Satan, héros de *Caïn* et du *Difforme transformé,* fût privé de son royaume par l'optimisme de théologiens imbéciles. Il se sentait le Robin des Bois du Richard Cœur de Lion aux pieds fourchus. « Je l'aimais — il était si beau », dit, dans *le Ciel et la Terre,* l'archange Raphaël, du diable. Ce cri d'amour, c'est de son propre cœur que Byron l'a arraché. Il désirait porter jusqu'au bout la responsabilité de ses actes, et leurs conséquences. « Les épines que j'ai cueillies sont celles de l'arbre que j'ai planté ; elles m'ont déchiré, et je saigne : j'aurais dû savoir quel fruit naîtrait d'une telle semence » (*Childe Harold,* IV, 10).

Byron, parfois, s'appliquait à donner des gages à l'orthodoxie, protestait qu'il était un bon chrétien, s'étonnait de l'image que ses coreligionnaires se forgeaient de lui. « Je ne sais pas pourquoi je suis considéré comme un ennemi de la religion, et comme un incrédule », disait-il avec naïveté à Medwin, lui faisant dans la foulée remarquer qu'il avait confié l'éducation de sa fille Allegra à des religieuses catholiques ; et à Isaac Nathan, sur la musique duquel il écrivit ses *Mélodies hébraïques* : « Je ne pourrai jamais être athée. » Dans une note de *Don Juan,* à propos de la double nature, divine et humaine, du Christ, Byron observe : « Si jamais Dieu s'est fait homme, ou l'homme Dieu, il a été l'un et l'autre. Je n'ai jamais attaqué le christianisme, mais l'usage ou l'abus qu'on en a fait. » Cependant, malgré ses efforts, il jaillissait à chaque instant, à chaque page, tel un triomphant diablotin, des sillons moraux et dogmatiques tracés par l'Église. Du christianisme orthodoxe, à dire vérité, il retenait principalement la sombre doctrine du péché originel, telle qu'elle fut enseignée par saint Augustin et Luther, — et telle qu'il l'a souvent évoquée dans son œuvre, en particulier dans *Caïn,* que Shelley jugeait digne d'être comparé au *Paradis perdu* de Milton, et à propos duquel Schopenhauer écrivit : « Voltaire, dans *Candide,* faisait la guerre à l'optimisme d'une manière plaisante ; Byron l'a faite à sa façon sérieuse et tragique dans son immortel chef-d'œuvre de *Caïn,* auquel il dut la gloire d'être injurié par l'obscurantin Frédéric Schlegel. » Chez Byron, règne, toute-puissante, l'idée impitoyable que l'arbre de la connaissance n'est pas l'arbre de la vie — un thème que, plus tard, développera génialement un autre de mes éveilleurs : Léon Chestov.

Byron est sensible aux apaisantes consolations de l'Église, et dans le même temps il les rejette. Quoi qu'il lui en coûte, avec Dieu comme avec les hommes, il demeure un solitaire, un hors-la-loi. Ses passions, ses idées, son talent, son style de vie, font de lui un transgresseur, un hérésiarque, et il le demeurera jusqu'à son dernier souffle. C'est, dans *Manfred*, la réponse que Manfred fait à l'abbé venu lui parler de pénitence et de pardon : « Vieillard ! Ni le pouvoir des hommes pieux, ni le charme de la prière, ni les formes purificatrices de la pénitence, ni la contrition du visage, ni le jeûne, ni la souffrance, ni, plus que tout cela, les tortures innées de ce profond désespoir qui est le remords sans la crainte de l'enfer, mais qui, se suffisant à lui-même, ferait un enfer d'un paradis — rien ne peut chez l'esprit libre *(the unbounded spirit)* exorciser la vive sensation de ses propres péchés, de ses crimes, de ses tourments et de sa vengeance sur soi-même : il n'y a pas de supplice à venir qui puisse égaler la justice que fait à elle-même l'âme qui se condamne. »

Le brave abbé parle alors de l'espérance salutaire, et il a raison de parler ainsi, car tel est le langage de l'Évangile ; mais Manfred l'interrompt par un « Il est trop tard » sans appel. Cet *It is too late* revient comme un leitmotiv dans les écrits byroniens d'après la séparation d'avec Annabella. Cette rupture a rendu Byron à ses pires démons, à son donjuanisme, à sa débauche sans espoir, *with nought of hope left* (*Childe Harold,* III, 16). Devenu, à Venise, un personnage de carnaval, il traîne, il drague : des filles auxquelles il néglige de demander leur prénom, corps anonymes, masques sans visages, des amours de carton qui sont à l'amour ce que le placebo est au médicament. Rien ne lui importe plus. A Pise, il dira à Medwin : « Après l'événement qui eut tant d'influence sur ma destinée, je m'efforçai pendant quelques années de noyer ces tristes souvenirs dans la dissipation et le vice ; mais le poison était dans le fruit. » Au troisième chant de *Childe Harold*, la stance 16 exprime cet état cotonneux, ce désespoir souriant de l'homme rendu à sa vie ironique, à son inutile existence, à ses répétitives dépravations, à son morcellement fatal : « Harold, exilé de lui-même, repart à l'aventure, sans un reste d'espérance, mais avec moins de tristesse. Le sentiment aigu que sa vie était vaine, que tout était fini de ce côté du tombeau, donnait à son désespoir un certain sourire », — et Byron de comparer cette gaieté de la débauche après l'échec d'un grand amour, à l'ivresse où les marins cherchent absurdement le courage de faire face à leur funeste destin (« meet their doom ») sur un bateau en train de sombrer. C'est en ce sens qu'il a pu appeler, avec raison, Annabella sa « morale Clytemnestre », et tel est le mécanisme infernal de la dissipation sexuelle, lorsque l'homme cherche à détourner son esprit du sentiment de sa désolation, en se plongeant dans un tourbillon érotique qui n'est que la grimace du bonheur, sa caricature. « Une fois qu'on a cédé au courant qui fait mouvoir le moulin, il est difficile de le remonter à la nage sans être *entraîné* sous les roues. » Le « Il est trop tard » de Manfred au troisième acte de *Manfred* est la conclusion nécessaire, inéluctable, du « Il est des ombres qui ne veulent pas s'évanouir » du premier. Le métropolite Antoine de Souroge — qui ressemble à lady Melbourne par son goût de marier les gens — a accoutumé de citer dans ses sermons nuptiaux cette phrase de Gabriel Marcel : « Dire à quelqu'un *Je t'aime*, c'est lui dire *Tu ne mourras pas.* » En cessant de l'aimer, Annabella a signé l'arrêt de mort de Byron. Certes, celui-ci est trop lâche, et aussi trop indolent, pour se brûler la cervelle ; mais spirituellement, son naufrage amoureux a fait de lui un zombie, un mort-vivant. Le 20 janvier 1817, de Venise, il écrit à Douglas Kinnaird : « Alors vous voudriez que j'allasse en Angleterre ?... Je vous répète que votre pays n'est pas fait pour moi... Caroline Lamb et lady Byron ont anéanti *(have destroyed)* mon existence *morale* au milieu de vous. » Caroline et Annabella, Caro et Bell, Angiolina-Diabolina et Clytemnestre, sa plus grande passion et son plus grand amour, ses blessures toujours vivantes, ses pauliniennes échardes, son vin perdu.

Cette lettre à Kinnaird est importante, parce qu'elle montre combien Byron, quoique « très entouré », comme on dit, demeurait seul. Même ses plus proches amis sous-estimaient la gravité de la crise qui avait fait de lui un objet de scandale, un paria ; ils ne voyaient pas que quelque chose d'essentiel s'était cassé en lui, et que cette brisure était sans remède. Ils le pressaient de reprendre sa vie d'avant la catastrophe comme si de rien n'était ; ils ne saisissaient pas — sans doute parce qu'ils étaient pétris d'une argile trop différente de la sienne — que Byron, tel Caïn, était désormais un *fugitivus errans,* exilé d'un paradis dont les anges aux épées flamboyantes lui interdisaient l'entrée, pire encore : que de ce paradis illusoire et traître, il ne voulait plus. Il lui préférait la chute, *sa* chute. Byron a toujours eu un grand fond de tendresse pour le diable, *Our brother Satan,* dont la beauté tentatrice nous aide à prendre la mesure de nos forces spirituelles : le démon, c'est notre liberté. Par indifférence, ou légèreté, ou myopie psychologique (surtout, je crois, par indifférence), les gens n'ont pas vu la faillite ontologique qu'a représentée pour Byron sa rupture avec Annabella; ils n'ont pas mesuré l'étendue de tout ce avec quoi Byron, en quittant l'Angleterre, a rompu. Après la diabolique crise de 1816, Byron ne jouera plus le jeu — qu'auparavant déjà il ne jouait que par à-coups distraits — de la société, des convenances, du *cant*. Désormais, il suivra sa vocation particulière; il avancera sur un chemin qu'il tracera lui-même dans l'inconnu, ou plutôt — ce qui est mieux ou pis — dans l'inconnaissable.

11

Enfant du Doute et de la Mort

Byron ne croyait à rien, et pourtant sa nature mercurienne, sa versatilité toujours en éveil, son perpétuel amalgame de désabusement et d'enthousiasme, le portaient à être prêt à croire en toutes choses, *anything*. « Il n'y a rien qu'un homme ne puisse parvenir à croire à force de s'y appliquer », disait-il un jour à Medwin. Et il ajoutait drôlement : « On m'appelle manichéen. Je devrais plutôt être appelé anychéen ou *anythingarien*. La secte des *anythingariens* ! Cela sonne bien, n'est-ce pas ? » Il y a une charmante anecdote, racontée par Byron à Murray dans une lettre écrite de Rome le 9 mai 1817, qui exprime bien ce mélange d'intérêt et d'ironie, de distance et de complicité, qui caractérise ses relations avec la foi chrétienne : un touriste anglais, séjournant à Rome, prend les statues équestres de Charlemagne et de Constantin pour celles des apôtres Pierre et Paul. Il demande lequel de ces deux cavaliers est Paul, à quoi son guide lui répond : « Il me semble, monsieur, que saint Paul n'est plus monté à cheval depuis son accident. » La vision du chemin de Damas considérée comme un *accident*, c'est tout Byron. De telles piques voltairiennes abondent dans son œuvre, principalement dans *Don Juan*, mais aussi ailleurs, et j'en ai même relevé une dans son *Ode à Napoléon*, à propos de l'abdication et de la retraite monastique de Charles Quint. Dans *le Difforme transformé*, il décrit le sac de Rome par les troupes du connétable de Bourbon, et la fuite des cardinaux « qui ne paraissent pas très épris du martyre : comme ces vieilles jambes rouges décampent ! » Plus loin, il raille les prétentions (déjà naissantes) du pape à l'infaillibilité, et se moque de cette haine des chrétiens entre eux qui ferait que le Christ renoncerait à la foi qu'il enseigne s'il voyait de pareils prosélytes.

On pourrait multiplier de semblables exemples, choisis dans ses livres comme dans sa vie. La marquise Origo raconte la désinvolture avec laquelle Byron, à Ravenne, recevant une invitation du cardinal légat Malvasia — et « une telle invitation, dans les États papaux, équivalait à un ordre » —, la déclina « sous prétexte qu'il faisait trop chaud pour aller dans le monde ». Iris Origo de commenter : « Son refus provoqua le scandale qu'on imagine. » Un autre scandale, rapporté celui-ci par Trelawny et le jeune Écossais philhellène Hamilton Browne, est la crise de rage à laquelle Byron s'abandonna, inexplicablement, pendant que l'higoumène du monastère de Samos lui tournait, à la manière grecque, un compliment. « Qui me délivrera de la présence de cet idiot pestilentiel ! » s'écria Byron, avant de sortir de la pièce en claquant la porte, laissant les moines stupéfaits. « Ecco è matto, poveretto », *il est fou, le pauvre petit*, aurait murmuré l'higoumène en se frappant la tête, comme Obélix lorsqu'il parle des Romains.

Cela n'empêchait pas Byron, en temps ordinaire, de prendre plaisir à la compagnie des ecclésiastiques —

dont l'habit symbolisait à ses yeux une stabilité qui lui faisait tant défaut —, que ce fût à Athènes, au couvent des Capucins, où il poursuivait d'assidues études néobyzantines sur le sexe des chérubins, comme à Venise, où, chaque matin, il se rendait au monastère de Saint-Lazare. Dans une lettre à Scrope Davies, Byron écrit, le 7 mars 1817, qu'il a traduit chez les Lazaristes des textes de saint Paul qui figurent dans la version arménienne des Écritures, et non dans celle de l'Église anglicane. Dès le mois de novembre 1816, il donnait à Murray et à Hobhouse le détail de ses studieuses matinées en compagnie du père Pascal Aucher, « mon directeur spirituel, mon pasteur, mon maître, une âme érudite et pieuse ». Outre cette traduction d'écrits apocryphes de l'apôtre Paul — et ce choix est révélateur des curiosités gnostiques de notre noble lord, encore que celui-ci, toujours pince-sans-rire, ait écrit à Thomas Moore que cette correspondance inconnue de saint Paul aux Corinthiens lui semblait très orthodoxe *(which seems to me very orthodox)!* —, Byron collaborera à la grammaire anglo-arménienne du père Pascal et en payera les frais d'édition.

Les gens qui sont étrangers au christianisme, manifestent de l'agacement, quand un écrivain donne de son temps, de son amour, de son énergie, à l'Église : cette participation à la vie ecclésiale leur paraît relever de la pose, ou du folklore. « Il nous ennuie, avec ses épîtres de saint Paul, ses moines, ses icônes, ses citations des Pères du désert ! » Ce qui les irrite surtout — car l'anticléricalisme navigue volontiers de concert avec le moralisme petit-bourgeois et la vertu sourcilleuse —, est de savoir que, dès qu'il quittait Saint-Lazare pour rentrer au palais Mocenigo, Byron abandonnait l'autel du Christ pour sacrifier sur celui de

Vénus dans les bras de ses deux maîtresses officielles, Marianna Segati et Margarita Cogni, ou dans ceux de courtisanes de traverse : toujours l'alternance de la messe et de l'orgie. Ce mixte de Vénus et de Jésus est ce que nos zoïles supportent le moins : une telle juxtaposition de plaisirs également condamnables à leurs yeux les rend verts de jalousie, et d'aigreur. Pourquoi ? Mystère et confiture. C'est à ces mal baisants qu'il faut poser la question, pas à moi.

Dans le *Childe*, Byron oppose (II, 26, 27) la déréliction de l'homme qui vit parmi le bruit, la fureur et les passions du monde, à la sérénité de l'homme de prière : « Plus heureuse la vie du pieux ermite, comme sur le solitaire Athos on en peut voir, lorsque le soir on contemple ce mont géant, qui regarde une mer si bleue, un ciel si serein, que celui qui s'y est trouvé à une telle heure voudrait s'attarder en ce lieu sacré, puis s'arrachera lentement à ce spectacle enchanteur et, regrettant avec un soupir que tel n'ait pas été son lot, retournera, pour le haïr, dans un monde qu'il avait presque oublié. » Byron a toujours porté dans son cœur cette nostalgie de l'Athos, c'est-à-dire la nostalgie d'une règle qui le délivre de ses dérèglements, la nostalgie de l'absolu, la nostalgie de l'unité intérieure. Un moment, il a cru que le sacrement de l'amour allait le sauver du morcellement (« Une femme serait mon salut »), mais son humeur errante, son cœur violent et léger, ont fait de lui un perpétuel fugueur, un traître à ses idéaux, incapable de s'opiniâtrer sur ces deux voix royales de l'accomplissement de l'homme que sont le monachisme et le mariage ; un baptisé qui est demeuré aux portes de l'Église, et dont le désir de conversion a toujours été un désir flou, incertain.

Quand Byron nomme l'Athos, ce n'est pas une

métaphore, mais un signe de la vivante sympathie qu'il éprouvait pour l'Église orthodoxe. Dans un poème de jeunesse, écrit avant même son premier voyage en Grèce, il évoque avec émotion « les murs où s'élevait autrefois la libre Byzance, et où maintenant Stamboul étale ses palais orientaux, siège de la tyrannie musulmane... » Et plus tard, dans *Childe Harold* (IV, 79), il criera sa douleur de voir à Constantinople « la présence des turbans souiller aujourd'hui l'autel de Sainte-Sophie ». En Orient et en Italie, Byron a connu des prêtres orthodoxes qui, à la différence des pasteurs de son enfance, n'étaient pas des obsédés du péché de la chair, mais, au contraire, enseignaient que le seul péché irrémissible est le manque d'amour. Enfin une Église qui ne réduisait pas la parole du Christ à un code sexuel restrictif, la folie de l'Évangile à des histoires de quéquette ! En outre, cette théologie orthodoxe de l'éternelle adolescence du Saint-Esprit et de sa liberté créatrice le changeait extraordinairement de la théologie de la prédestination et du Dieu cruel de la Bible calviniste.

Toutefois, Byron n'avait aucune disposition pour les concepts. Ce n'était pas un « intellectuel », c'était un artiste, et s'il aimait, à l'occasion, converser sur des points du dogme avec ses amis chrétiens, là n'était pas pour lui l'essentiel. « Je suis un théologien tempéré, un métaphysicien plein de bénignité », écrit-il plaisamment (*Don Juan,* XV, 92), et, toujours dans *Don Juan* (X, 60), après une mention ironique du « grand professeur Kant », il note que son jeune héros « se souciait de la philosophie comme d'une prise de tabac ». Au chant suivant, il se moque gentiment de l'idéalisme transcendantal de Berkeley (qu'admirait tant Schopenhauer), de la virginité de la Mère de

Dieu, et le mystère de la Sainte Trinité lui inspire cette remarque irrévérencieuse : « ... je souhaitais dévotement que les trois fussent quatre, à l'effet d'en croire davantage » (XI, 1 et 6). Non, ce n'était pas la théologie dogmatique qui, dans le christianisme, retenait Byron (encore qu'il eût un jour confié à Medwin qu'il enviait le purgatoire des catholiques romains, « doctrine consolante »), mais la force poétique de la mystagogie, la sensualité du culte. La flamme d'un cierge brûlant devant une icône parlait plus à son imagination, à sa sensibilité, qu'une page de saint Anselme sur les preuves de l'existence de Dieu, et, à la froideur des célébrations calvinistes, il opposait la luxuriante beauté de la liturgie orthodoxe ou romaine, voire anglicane lorsque c'est « Thyrza » qui chante dans le chœur (« La voix qui rendait ces cantiques si doux s'est tue et leur charme a fui », écrivait-il en décembre 1811 dans ses *Stances à Thyrza* inspirées par la mort du petit John Edleston). Byron ne croyait pas aux idées : il ne croyait qu'en ce qu'il nommait « tangible religion », il ne croyait qu'en l'incarnation, et les vapeurs de l'encens lui tournaient davantage la tête que les spéculations de l'apologétique. Ce sensualisme sacré est clairement formulé dans la lettre à Thomas Moore du 8 mars 1822, où Byron déroule les raisons pour lesquelles il confiait sa fille Allegra aux religieuses du couvent Saint-Jean Baptiste de Bagnacavallo, des Capucines qui sans doute lui rappelaient agréablement les Capucins d'Athènes :

« Je suis réellement, comme je l'ai déjà dit, un grand admirateur de la religion tangible ; et j'élève une de mes filles en catholique, afin qu'elle puisse avoir les mains pleines. C'est de loin le plus élégant culte, en faisant à peine exception pour la mythologie grecque.

Avec l'encens, les icônes, les statues, les autels, les reliquaires, les reliques, et la présence réelle, la confession, l'absolution, — il y a là quelque chose de sensible à saisir, *there is something sensible to grasp at.* »

La lettre s'achève ainsi : « Mon tour d'esprit est tellement porté à envisager les choses au point de vue absurde, qu'il éclate de temps en temps, en dépit de moi-même. Je vous assure pourtant que je suis un très bon chrétien. » Ce *Still, I do assure you that I am a very good Christian* doit être éclairé, nuancé, par le *There is something Pagan in me that I cannot shake off* cité précédemment, et ils sont vrais tous les deux. Le choix est le nom philosophique de la mutilation, et Byron ne veut renoncer à rien. Il ne se satisfait pas d'une seule vision de Dieu et de l'homme, chacune ayant sa part de vérité : il est *polytropos,* et ce païen, ce chrétien, ce sectateur de Vénus et de Jésus-Christ, plaisantait à peine, lorsqu'il écrivait, le 9 septembre 1811, à Augusta qu'il désirait retourner chez les Ottomans et qu'il finirait sans doute par se convertir à l'islam.

Ce n'est pas vers le Christ de miséricorde, c'est vers l'implacable Némésis, qu'il élève un cri de joie, et de gratitude, quand il apprend que sir Samuel Romilly, l'avocat qui l'avait trahi et accablé lors de sa séparation d'avec Annabella, s'est tranché la gorge à cause de la mort de sa femme. Exultant, triomphant, Byron écrit à lady Byron une lettre où il distille tous les sucs empoisonnés de la vengeance : « Cet homme songeait peu, quand il me lacérait le cœur selon la loi, tandis qu'il empoisonnait ma vie à ses sources mêmes, se faisant l'agent et le complice de la flétrissure, de la proscription et de l'exil... que moins de trente-six lunes plus tard... un chagrin domestique le mettrait à terre, avec le plus minable des malfaiteurs, à un carrefour, le pilori planté dans le corps... Peut-être, avant de s'anéantir, a-t-il ressenti une part de ce qu'il a contribué à me faire ressentir grâce à ses maigres moyens légaux ; mais j'ai vécu — vécu pour le voir se suicider sexagénaire. Ce n'est pas en vain que j'ai évoqué Némésis à minuit dans Rome, sur la plus redoutable de ses ruines. Portez-vous bien. » Cette lettre fut écrite à Venise le 18 novembre 1818. Cinq jours plus tard, Byron écrivait à Hobhouse : « Voyez ce qui me vient de ces braves dieux anciens, et souvenez-vous de ce que j'ai toujours cru en eux, que je les ai toujours adorés. Ce sont eux qui ont tissé mes bonnes stances. » Ces vers auxquels fait allusion Byron dans ses lettres à Annabella et à Hobhouse, c'est sa païenne prière à Némésis, composée un an plus tôt, et recueillie au quatrième chant de *Childe Harold :* « Et toi, qui jamais encore de l'humaine injustice n'as manqué d'équilibrer la balance, grande Némésis ! ici, où le monde antique t'a longtemps offert ses hommages, toi qui appelas les Furies du fond de l'abîme... ici où tu as autrefois régné, je t'invoque du sein de la poussière ! N'entends-tu pas mon cœur ? Éveille-toi ! il le faut, tu le dois. »

Le syncrétisme de Byron s'explique d'abord par son tempérament, mais aussi par le regard d'historien que ce lecteur assidu de Gibbon a, dès son adolescence, porté sur le monde : « Les dieux eux-mêmes succombent. Chaque religion a son tour : hier, Jupiter ; aujourd'hui, Mahomet — et d'autres croyances verront le jour avec d'autres siècles, jusqu'à ce que l'homme apprenne que c'est en vain que s'élève son encens et que sa victime est immolée ; pauvre enfant du Doute et de la Mort, de qui l'espérance est bâtie sur des roseaux », écrit-il au deuxième chant de *Childe*

Harold, dans une Grèce alors subjuguée par l'occupant turc.

Byron a, dès son enfance, été saisi par le désenchantement, et plus il vieillira, plus il s'abandonnera à la pente désabusée de son caractère. Il n'avait que vingt-sept ans, lorsque, évoquant — le 22 février 1815 — dans une lettre à Moore, la mort accidentelle d'un de ses camarades d'école, le duc de Dorset, il écrivait : « Il fut un temps où cet événement m'eût brisé le cœur. Tout ce que je puis dire aujourd'hui, c'est que rien au monde ne vaut la peine. Adieu. La vie est une farce. » Oui, une farce, mais une farce dont nous ne sommes même pas libres de choisir les gags (en langage noble : les avatars). Harold, le Giaour, Manfred, Sardanapale, se croient libres, et pourtant une fatalité pèse sur eux : ils semblent prédestinés à l'autodestruction. « Je suis l'esclave des circonstances et de mes impulsions, emporté au gré du moindre souffle! Déplacé sur le trône, déplacé dans la vie, je ne sais pas ce que j'aurais pu être, mais je sens que je ne suis pas ce que je devrais être. Finissons-en. » (Sardanapale, avant son suicide, dans *Sardanapale,* IV, 1).

Byron et Schopenhauer appartiennent l'un et l'autre à la génération d'Européens qui, la première, a fait son miel des sagesses et des religions de l'Asie. L'hindouisme et le bouddhisme forment une pièce maîtresse de l'œuvre de l'oncle Arthur. Pour être plus discrète, implicite, leur présence dans celle de Byron n'est pas moins manifeste. Ainsi, par exemple, la stance 99 du quinzième chant de *Don Juan* pourrait être une citation de la *Bhagava-Gita :* « Entre deux mondes la Vie hésite, telle une étoile entre la nuit et le matin, au bord de l'horizon. Combien nous savons peu ce que nous sommes! combien moins encore ce que nous serons! le flot éternel du Temps continue à rouler, et emporte au loin nos bulles d'air : lorsque la vieille crève, la neuve émerge, détachée de l'écume des âges ; pendant que les tombeaux des empires surgissent, semblables à des vagues passagères. »

C'est dans *le Ciel et la Terre* que Byron a donné le plus libre cours à sa vision bouddhiste du cycle des naissances et des morts, du *samsara*. « Fils de l'élu ! quand toi et les tiens vous aurez bravé le vaste et terrible élément ; quand sera brisée la carrière de l'abîme, toi et les tiens serez-vous bons et heureux ? Non ! la douleur sera le partage du nouveau monde et de la race nouvelle », déclare l'Esprit à Japhet, et le chœur des Esprits de renchérir : « Alors reviendront les années, les maladies, les douleurs, les crimes, avec leur cortège d'agitation et de haine... » Déterminément chagrins, ces Esprits regrettent que Dieu ait décidé de sauver Noé et les autres habitants de l'arche : ils eussent préféré qu'après le déluge les choses demeurent « silencieuses et incréées », *silent and uncreated*. Japhet objecte que le Rédempteur va venir sauver le monde, mais l'Esprit négateur n'en croit rien : « Il y aura de nouveaux temps, de nouveaux climats, de nouveaux arts, de nouveaux hommes ; mais les mêmes vieilles larmes, les vieux crimes, les vieux maux d'autrefois, continueront à se reproduire parmi vous sous différentes formes ; les mêmes tempêtes morales submergeront l'avenir... » Cela a été écrit à Ravenne en octobre 1821, mais pourrait l'avoir été à Bénarès, cinq siècles avant Jésus-Christ.

Quand on a une telle représentation de l'existence, on est parfois tenté de sortir de celle-ci. « Je suis trop paresseux pour me tuer », écrit Byron dans son journal intime, le 13 décembre 1813. Il ne s'est pas brûlé la cervelle, mais le suicide est le fleuve souterrain qui irrigue son œuvre entière. Écrire sur le suicide, créer des personnages qui se donnent la mort, est, pour un écrivain, une manière de n'avoir pas à accomplir soi-même l'acte fatal — un acte que Byron définit ainsi dans *Don Juan* (XIV, 5) : « Un courage qui naît de la crainte, de tous le plus résolu. » Byron est un des deux auteurs du dix-neuvième siècle qui font dans leurs livres la part la plus belle au suicide et aux suicidés — l'autre étant un de ses passionnés admirateurs : Dostoïevski. Au reste, chez celui-ci, les personnages qui se donnent la mort — Svidrigaïlov, Kirillov, Stavroguine — sont des héros byroniens typiques, tant par leurs caractères que par leurs actes, et les raisons qui les conduisent au suicide sont, elles aussi, byroniennes par éminence, qu'il s'agisse du dégoût de la débauche et de soi, de la curiosité nihiliste, de la révolte luciférienne ou du désir de devenir Dieu.

Adolescent, je savais par cœur la page où Byron décrit Manfred tenté par le suicide, sur le mont Jungfrau, et aujourd'hui encore je ne puis la relire sans que le feu me monte aux joues. « Il suffirait d'un élan, d'un pas, d'un mouvement, d'un souffle, pour me briser sur ce lit de rochers, et reposer ensuite pour toujours. Pourquoi est-ce que j'hésite ?... Je ne sais quel pouvoir m'arrête, et me condamne à vivre, si toutefois c'est vivre que de porter en moi cette stérilité de cœur, et d'être le sépulcre de mon âme ; car j'ai cessé de me justifier à moi-même mes propres actions, — dernière infirmité du mal. » Dans les pires moments de ma vie, je me suis récité ce passage, et il a toujours agi en moi comme un exorcisme du désespoir et de la mort. C'est le chasseur de chamois qui empêche Manfred de se précipiter dans l'abîme ; moi, celui qui, au bord du précipice, m'a souvent retenu, c'est Manfred lui-même. Le 8 juillet 1813, dans une lettre à Thomas Moore, Byron se moque de l'essai contre le suicide commis par Mme de Staël : « Il en résultera, je pense, que quelqu'un se tirera un coup de pistolet. » Voilà qui est très bien vu. C'est l'optimisme niais qui nous déprime : le pessimisme lucide, lui, est vivifiant. De la lecture de Lucrèce, de Byron, de Schopenhauer, de Cioran, on sort plus libre, et plus fort.

Sardanapale, lui, personne ne l'arrachera au bûcher funèbre, mais, au contraire, Myrrha sa jeune maîtresse, désireuse de ne pas lui survivre, y montera avec lui, préfigurant ces femmes qui accompagneront dans la mort Heinrich von Kleist et Stefan Zweig. Sardanapale est un eudémoniste, qui a consacré sa vie aux voluptés de Vénus et de Bacchus. Il exprime le vœu que la mort le « surprenne au milieu de la joie et des plaisirs, de la gaieté et de l'amour », et de s'écrier : « Plutôt finir ainsi que de me flétrir lentement ! » Sardanapale a su vivre ; il doit savoir mourir. Telle est la leçon de l'Antiquité, et Byron, nourri d'Horace, de Sénèque et de Pétrone, l'a, depuis l'école du docteur Glennie, à Dulwich, entendue jusqu'au rabâchage. Sardanapale a vécu avec gourmandise et insouciance ; il va mourir avec insouciance et fierté. Dans l'appétit de vivre comme dans la décision de mourir, un même désespoir allègre l'anime. Il n'est pas inquiet de la sentence divine ; il meurt confiant. « Quant à l'avenir, il est entre les mains des dieux, s'ils existent : je le saurai bientôt. » Tel est son adieu à ses soldats, et à Myrrha, qui regrette qu'aucune main amie ne puisse recueillir leurs cendres dans une urne commune, il répond : « Tant mieux ; il est préférable qu'elles soient dispersées dans l'air et jetées à tous les vents... »

Que les tombeaux eux-mêmes sont destinés à périr, et que, dans le creux d'une main d'enfant, les cendres des plus grands hommes ne pèsent pas lourd, voilà encore une idée et une image qui sont chères aux anciens Romains. On les trouve en particulier chez Juvénal, dans la dixième satire (sur la nécessité de « dissiper les nuages de l'illusion » et de ne pas importuner les dieux par des vœux déraisonnables), qui était précisément une des lectures préférées de Byron : *The 10th. Satire has always been my favourite*, écrit-il à Hodgson, le 9 septembre 1811. Les amoureux de la Rome antique et du suicide stoïcien sont en général des partisans de l'incinération et de la dispersion des cendres. Byron n'échappe pas à cette règle, et il a exprimé son horreur à la pensée de la décomposition de son cadavre, ajoutant (car il aime à conclure les considérations les plus graves par une pirouette moqueuse) : « Mais les vers sont moins cérémonieux. »

Byron sait bien que le Dieu des chrétiens n'est pas aussi indifférent aux mortels que « les nonchalantes divinités de Lucrèce », *the nonchalent deities of Lucretius* (lettre à Thomas Moore, 8 juillet 1813), mais Épicure ne cessera jamais, dans son esprit et son cœur, de battre en brèche Jésus-Christ, et, sur le bateau qui le mène vers la Grèce et la mort, ce n'est pas l'Évangile qu'il relit, mais Montaigne, Voltaire, Grimm, et surtout son cher La Rochefoucauld (« Maudit soit La Rochefoucauld, parce qu'il a toujours raison ! »). Certes, les Psaumes, le livre de Job, les Béatitudes, l'émeuvent au suprême, et il n'a jamais désiré rompre le lien esthétique et sentimental qui l'unit à l'Église. Néanmoins, par tempérament, il demeure un sceptique, et, dans un univers où tout est confusion, l'attitude spirituelle qui correspond le mieux à sa nature est la suspension pyrrhonienne du jugement, telle qu'il l'exprime dans *Don Juan* (XI, 3) : « ... je ne trouve aucun point où l'homme puisse poser son regard sans y observer la confusion des espèces, des sexes, des êtres, des astres, et de cette merveille inexpliquée, le monde, qui, au pis-aller, est une *magnifique* méprise. »

Ces vers, où la cosmogonie byronienne est tout entière resserrée, me sont une occasion de tirer un coup de chapeau à Benjamin Laroche : c'est dans sa traduction qu'à seize ans j'ai découvert les livres de Byron, et aujourd'hui encore je suis impressionné par une justesse d'expression et un bonheur de style qui forment un spectaculaire contraste avec la bouillie pour les chats que sont tant d'autres traductions de Byron, en particulier celle, exécrable (et pertinemment éreintée par Robert Escarpit), d'Amédée Pichot. Certes, et je m'y emploie dans cette *Diététique*, il faut dépoudrer le Byron de Laroche, comme Richard Roos a dépoussiéré le Schopenhauer de Burdeau, mais Laroche et Burdeau restent l'un et l'autre des traducteurs auxquels le lecteur moderne est toujours bien inspiré de se référer. Laroche était d'ailleurs plus qu'un truchement, c'était un homme animé d'une fougueuse sympathie pour Byron, dont il a défendu la vie « que les puritains britanniques, que les pharisiens de tous les pays ont tant calomniée », et les livres, principalement *Don Juan*. « C'est, écrit Laroche, à propos de cette composition sans égale dans les littératures anciennes et modernes, que l'acharnement des ennemis de ce grand homme a redoublé. Nous étions en Angleterre quand les premiers chants de *Don Juan* parurent dans *le Libéral*, nous nous rappelons encore les exclamations hypocrites de la pruderie anglaise à son apparition. Les femmes surtout se signalèrent dans cette croisade de la médiocrité jalouse contre une œuvre de génie ; toutes le lisaient avidement ; aucune n'eût osé avouer cette lecture. La " Société pour la suppression du vice " fulminait ses réquisitoires et menaçait de poursuivre les publicateurs. »

Si Byron n'a jamais fait de progrès réels dans la vie religieuse, ce n'était point qu'il fût plus mauvais qu'un autre, mais parce que puisant son inspiration poétique dans sa vie contradictoire et contrastée, il n'a jamais véritablement désiré atteindre à cette unité intérieure qui est le but auquel doivent tendre les disciples du Christ ; et puis, Byron était radicalement dépourvu de la vertu qui est le fondement même de la règle chrétienne : la patience. « Prenez donc patience, frères », enseignent les apôtres, et cet éloge de la patience est dans l'Évangile un vrai leitmotiv. Byron, lui, est demeuré « l'homme à l'âme partagée, inconstant dans toutes ses voies », dont parle saint Jacques ; l'homme qui, dans *Heures de loisir,* se décrit « capricieux comme le vent », et, dans *Childe Harold,* « plus mobile que l'hirondelle dans les cieux » ; l'homme soupe au lait qui piquait des rages ; l'homme que nous avons vu briser les goulots des bouteilles d'eau gazeuse, tant il était altéré ; l'homme qui, dans *Manfred,* rejette avec hauteur la consolatrice patience que lui prônent le chasseur et l'abbé. Chez Byron, ce qu'il y a de plus irréductiblement païen, c'est cette sensuelle fébrilité, ce refus de l'espérance, cette conviction que la vie s'efface telle la pluie sur le sable, et que demain nous serons morts. « Mon temps, écrit-il à Hobhouse le 20 août 1819, s'est écoulé au milieu du vice et des plaisirs ; à l'âge de trente et un ans, il reste si peu d'années, de mois, de jours, d'heures et de minutes, que " Carpe *diem* " ne suffit pas. J'ai été obligé de cueillir même les secondes... » Byron avait un sens trop aigu du caractère fragile des plaisirs, une conscience trop douloureuse de la fugacité du bonheur, pour être capable de maîtriser le temps, de se maîtriser soi-même. Être chrétien, c'est aspirer à la transfiguration du temps : cela suppose la patience, l'humilité et la foi, trois vertus dont les fées qui se sont penchées sur le berceau de Byron ne l'ont saupoudré que parcimonieusement. A Metaxata, lors de l'un de leurs entretiens, Byron avait interrogé Kennedy : « Que dois-je faire pour être considéré comme un bon chrétien ? » — « Vous agenouiller et prier le Seigneur », répondit l'honnête méthodiste. Et Byron de s'exclamer : « Ceci est trop me demander, mon cher docteur ! »

Prier était une opération pour laquelle Byron ne se sentait aucun don. Il pouvait être charmé par la sensualité diffuse d'une belle cérémonie liturgique, par le réalisme charnel de la communion au Corps et au Sang du Christ, mais il restait trop prisonnier de son moi pécheur, trop imbu de la nature innommable du visage de Dieu, pour entrer avec confiance dans la dimension doxologique de la vie, et il réduisait le « hic et nunc » évangélique à sa signification cyrénaïque, païenne. Prier, c'est être tourné vers l'avenir, et Byron ne croyait pas en l'avenir, il haïssait l'avenir, il n'aimait que le passé, « le doux passé », *the sweet past*, dont parle Anah dans *le Ciel et la Terre* — et aussi l'instant présent qu'il savourait avec d'autant plus de gourmandise qu'il le savait fugitif. « Qui dédaignerait le mois de juin parce que décembre doit venir avec son souffle glacé ? » (*Don Juan,* X, 9).

Lorsque, le jour de son mariage (« Je n'oublierai jamais le 2 janvier ! »), Byron a prononcé le « oui » sacramentel, il faisait un pari sur l'avenir ; mais la trahison de sa femme et la flétrissure de leurs couronnes nuptiales l'ont à jamais délivré des chimères du futur, aussi bien terrestre que céleste, et dès lors il n'a plus été que ce que le septième génie dit à Manfred qu'est désormais l'étoile qui fixe sa destinée : une comète vagabonde, continuant à rouler par sa force, mais sans direction et sans but. Cette atmosphère d'inutilité, de malédiction, d'exil, c'est l'élément de Byron, celui qui lui a inspiré ses meilleurs livres. Selon Goethe (dans ses conversations avec Eckermann), « Byron fut un éternel bourreau de soi-même ». Voilà une observation qui rejoint la sentence divine qui frappe Manfred : « Je te condamne et t'oblige à être à toi-même ton propre enfer ! » Cela est bien vu, mais s'accorde mal avec la volonté chrétienne de conversion, et de salut : chez Byron, si une volonté s'exprime clairement, c'est plutôt celle de se perdre. Raillant le désir humain, trop humain, d'éternité, Byron s'écriait déjà au deuxième chant du *Childe :* « L'existence est-elle donc un don si précieux qu'il t'en faille une autre après celle-ci ?... Regarde et pèse cette cendre avant qu'elle ne s'envole : cette petite urne est plus éloquente que des milliers d'homélies. »

Que les passions de Byron l'aient, en quelque sorte, vampirisé, cela est indéniable ; mais ce sont également elles qui l'ont vivifié, et, s'agissant d'un écrivain tel que lui, c'est-à-dire d'un homme qui écrit avec le sang de son cœur, il ne faut jamais oublier que ce qui le perd est également ce qui le sauve. « Le diable porte pierre », affirme le proverbe, et une faute, un vice, un péché, d'abord qu'ils inspirent de beaux livres, sont magnifiquement justifiés. Les chrétiens brevetés qui n'ont pas cessé de donner à Byron des leçons d'orthodoxie, qui l'ont renié à cause de l'échec de son mariage, de ses mœurs « dissolues » et de ses ouvrages « scandaleux », risquent d'être surpris, lorsqu'ils arriveront au paradis, de la place que le Christ y aura accordée à l'auteur de *Don Juan*. Les bigots confondent littérature chrétienne et littérature édifiante, création et catéchisme. Les auteurs que j'aime et qui, dans mon adolescence, ont été mes initiateurs à la vie de l'esprit — de Sade à Dostoïevski, de Nietzsche à Chestov, de Byron à Baudelaire —, sont tous, chacun à sa manière, des hérésiarques, des transgresseurs, et leurs livres manifestent une tension antinomique entre le cri de désespoir de Job (dans *les Deux Foscari*, Marina s'exclamant : « Ô toi, Dieu éternel ! Peux-tu demeurer calme en présence d'un monde tel que celui-ci ? » annonce le byronissime Ivan Karamazov rejetant Dieu à cause de la souffrance des enfants) et la réponse de Dieu qui est le Christ, né de la Vierge et de l'Esprit-Saint, irruption de la tendresse parmi les horreurs de l'histoire. La réponse à la révolte de Job, c'est l'incarnation, et toute l'œuvre de Byron s'inscrit entre cette révolte et cette réponse.

Byron a dit un jour à Medwin que ce qui d'un homme fait un poète, c'est l'amour ou le malheur. C'est aussi, aurait-il pu ajouter, ce qui d'un homme fait un chrétien. Byron a aimé, il a souffert, son amour et sa souffrance ont été le limon de son œuvre, et en cela au moins il est un disciple de Jésus, dont l'eucharistie n'est rien d'autre qu'un récit autobiographique, un mémorial *amori et dolori sacrum*. Byron pensait avec Coleridge qu'un grand écrivain est nécessairement un homme religieux. L'écriture, c'est l'esprit qui se fait chair, *flesh,* et on imagine mal que Dieu — en tout cas le Dieu de l'Évangile — puisse être absent d'une grande écriture, car le christianisme se resserre précisément en ceci : le mystère de l'incarnation. Aux accusations d'athéisme de ses zoïles, Byron haussait les épaules et répondait que s'il avait été insensible au sacré, à la transcendance, à la dimension mystique de la vie, il n'aurait pas écrit une seule ligne. Certes, on chercherait en vain chez lui quoi que ce fût qui ressemblât à une synthèse harmonieuse (et rassurante) : ses livres et sa vie nous introduisent dans l'univers du scandaleux, et du terrible ; ils forment le point focal des plus irréductibles contradictions. Mais le Christ n'est-il pas lui-même, précisément, ainsi que le dit le vieillard Syméon (Luc, 2, 34), « un signe en butte à la contradiction » ?

Je songeais à cela le 21 septembre 1974, lors du *Requiem* que la Byron Society a fait célébrer en l'église orthodoxe Saint-Georges-des-Grecs, à Venise, pour le repos de l'âme du poète. « En la bienheureuse Dormition, Seigneur, accorde à ton serviteur George une mémoire éternelle... » Byron ne priait guère le Dieu des chrétiens, et quand d'aventure il le priait, ce n'était pas dans les églises. Pour l'essentiel, il n'a jamais renié le naïf panthéisme de sa *Prière à la nature,* composée à l'âge de dix-sept ans : « Père de la lumière, c'est vers toi que je crie !... Eh quoi ! l'homme prétendrait circonscrire la puissance de son Créateur dans de gothiques dômes de pierres vermoulues ! Ton temple est la face du jour ; tu as pour trône sans limite la terre, l'océan, le ciel. » C'est, avec un siècle d'avance, la parole de Silouane, le fameux moine de l'Athos : « Pour celui qui prie dans son cœur, le monde entier est une église. » Toutefois, si Byron n'était pas une âme d'oraison, les femmes qui l'ont aimé — et dont certaines se sont converties à l'orthodoxie grâce aux livres de ce schismatique — ont beaucoup prié pour lui, et je crois à la puissance de leur amoureuse intercession. L'avouerai-je ? Je n'ai aucune inquiétude touchant le salut de Byron. Réprouvé, anathématisé, crucifié sur le bois de ses remords et de ses souvenirs, Byron sera, au jour du Jugement, reçu par le Christ, et pardonné, comme le seront le bon larron, la femme adultère, et l'enfant prodigue. « Mais Jésus, se baissant, se mit à écrire avec son doigt sur le sable. » Si Dieu existe — et j'espère passionnément qu'il existe —, c'est un Dieu byronien.

12

A single rose

J'ai été byronien longtemps avant d'avoir lu Byron. En 1981, la revue *Lire* a posé à des écrivains la question suivante : « Y a-t-il un ou des livres qui aient vraiment changé votre vie et pourquoi ? » Ma réponse avait été celle-ci :

« Sans doute ne serais-je pas celui que je suis si à l'âge de onze ans, en classe de cinquième, je n'avais pas découvert, lu, dévoré, en m'identifiant totalement à Athos, *les Trois Mousquetaires* et *Vingt Ans après*. Aujourd'hui encore, Athos demeure mon modèle, conscient et inconscient. Si Athos n'avait pas pendu sa femme, peut-être n'aurais-je pas divorcé d'avec Tatiana, rompu avec Francesca ; peut-être n'aurais-je pas, dans ma vie amoureuse, cette rage de rupture, de fuite, de mise à mort, qui me caractérise. »

Or, qui est Athos, sinon le plus byronien des héros d'Alexandre Dumas ? Athos le mystérieux, le misanthrope, le porteur d'un lourd secret, détruit à jamais par un passé dont il ne peut se délivrer, et qui s'abandonne à une vie aventureuse, ironique, pour tenter d'oublier la trahison de l'adolescente qu'il a aimée, et assassinée. Le petit garçon que j'étais alors ne pouvait que pressentir ce qu'il y a de véridique dans ce que Dumas écrit de l'amour, de l'amitié, du monde, du temps qui s'enfuit : le pessimisme d'Athos, son désenchantement, me captivaient, car ils jetaient une lueur implacable sur celui que j'allais être un jour, mais j'étais trop jeune pour en avoir déjà une expérience personnelle. « Athos, écrit Dumas, haussait les épaules quand on lui parlait de l'avenir ; son secret était dans le passé. » A onze ans, que pouvais-je comprendre au secret d'Athos, qui est la trahison de la femme aimée, « une jeune fille de seize ans, belle comme les amours »? Nulle jeune fille de seize ans ne m'avait alors trahi. La mélancolie d'Athos me dévoilait mon propre visage, mais ce visage m'était encore inconnu, comme l'étaient encore pour moi les modèles byroniens d'Athos : Harold et Conrad, Lara et Manfred, que je ne devais rencontrer que quatre ans plus tard.

J'aime cette filiation des âmes et des cœurs, cette famille par l'esprit qui relie les siècles entre eux, et Byron l'aimait, lui aussi, qui a exalté, dans *Manfred* précisément, « les grands hommes d'autrefois qui, bien que morts, ont conservé leur sceptre et, du fond de leurs urnes, gouvernent encore nos âmes ». Byron nourrissait son œuvre de sa vie ; mais dans le même temps, comme chaque écrivain véritable, il éprouvait du plaisir à rendre hommage à ses maîtres de jeunesse, et il ne perdait pas une occasion de publier ses admirations, de les faire partager à ses lecteurs : son œuvre entière est farcie de références, de citations (« J'aime tant les citations », *Don Juan*, II, 17), d'érudition. Quand on lit Byron, on a le bonheur de savourer son texte, et aussi la bonne fortune de découvrir ceux qu'il aime et qu'il cite d'abondance. Des crétins ont utilisé cette générosité enthousiaste contre lui : sa vie durant, Byron a pu lire des articles où il était accusé — et sur quel ton condescendant ! — de n'être qu'un imitateur de Pope, un épigone de Wordsworth, un pâle disciple de La Rochefoucauld, un plagiaire de Coleridge, un écolier empêtré dans les Grecs et les Romains, et autres gracieusetés de cet ordre ; mais Byron, formé à l'école de Gentleman Jackson, ne se laissait pas émouvoir outre mesure par les sifflets de la racaille plumitive. Apprenant que le malheureux Keats était mort d'une rupture d'anévrisme provoquée par un article méprisant de la *Quaterly Review* sur *Endymion*, article qui l'avait plongé dans « un paroxysme de désespoir » (Shelley), Byron avait eu ce commentaire : « Je n'aurais pas cru que la critique fût si meurtrière. Je suis d'une étoffe différente, et les journaux me trouvent dur à tuer. »

Cette insensibilité — relative d'ailleurs si j'en crois lady Blessington qui l'a vu très affecté par certaines attaques — aux brocards de la presse, s'explique par le fait que Byron plaçait sa vie avant son œuvre : quand il mourrait, ce serait à ses livres d'agir, de témoigner celui qu'il avait été, de faire rosir les joues des lycéennes ; mais tant qu'il vivait, il préférait être aimé pour son visage à l'être pour son écriture, et une lettre d'amour d'une jeune personne lui donnait une impression d'*exister* infiniment plus forte que celle que pouvait lui donner l'article élogieux d'un critique. Il écrivait ses livres avec passion (« Si je n'écris pas pour vider mon esprit, je deviens fou »), mais il se tenait à l'écart de la vie littéraire, n'appartenant à aucune rédaction, aucun jury, aucun comité de lecture, ne se mêlant d'aucune brigue, d'aucune intrigue. Dans *Beppo*, composé à Venise du temps de ses amours avec Marianna Segati, il dit haïr « un auteur qui n'est qu'auteur, un de ces types en uniforme de fou barbouillé d'encre, si anxieux, si malins, si susceptibles et si jaloux... Les plus fats d'entre les fats sont préférables à ces rognures de papier, à ces mouchures mal éteintes du flambeau de la nuit ». Pas plus dans le monde des lettres que dans le monde tout court, Byron, « hautain, sauvage, enfant gâté de l'Imprudence » (ainsi qu'il se peint lui-même dans un poème écrit à l'âge de dix-sept ans et dédié à son camarade d'école le duc de Dorset), n'a jamais joué le jeu. Il devait le payer cher, mais en restant fidèle à sa vocation singulière et en refusant les compromis de l'habileté, sa récompense a été d'occuper dans le cœur de ses lectrices et de ses lecteurs une place unique, et inexpugnable. Pourquoi ses livres demeurent-ils, après tant d'années, si vivants, si brûlants ? Pourquoi, lorsque je les lis, ai-je la sensation délicieusement inquiétante et impudique de voir mon âme mise à nu, telle Phryné devant ses juges ? C'est parce qu'ils appartiennent à la littérature qui est au-delà de la littérature. Un signe qui ne trompe pas, c'est la manière dont Byron suscite des réactions toujours extrêmes : on l'adore ou on le déteste ; il exaspère ou il fascine. Parfois il provoque chez une même personne, et dans le même moment, ces passions contradictoires, *conflicting passions*.

Pour moi — on s'en sera, je pense, rendu compte —, je l'adore, et je n'aurais pas voulu mourir sans avoir écrit ce livre, qui est le fruit des notes que j'ai accumulées sur lui depuis mon adolescence — un livre reconnaissant et complice. Benoist-Méchin interviewe Unamuno, qui vient d'être libéré de prison, sous Primo de Rivera. Il l'interroge sur ses lectures durant sa captivité. « J'ai lu l'essentiel : Byron », répond Unamuno. Benoist-Méchin, surpris, a un mot de dédain. Alors Unamuno, avec véhémence : « Ne dites pas cela ! » Je suis de l'avis d'Unamuno : Byron m'est essentiel, mieux : consubstantiel. Peut-être est-ce pour cela qu'il m'a si souvent aidé à surmonter mes tentations funèbres. « J'ai appris à aimer mon désespoir », *I learn'd to love despair,* dit le Prisonnier de Chillon. Voilà une phrase que je me murmure quand tout va mal, une phrase que l'on n'épuise pas. C'est Byron qui, plus que quiconque, m'a enseigné (mais sans doute avais-je quelque disposition naturelle à entendre cette leçon) le courage, et pas n'importe quel courage : le courage *désinvolte* d'oser être celui que je suis. Menacé par des conspirateurs, Sardanapale refuse d'ajourner un banquet : « Qu'ils viennent et exécutent leur méchante besogne. Je ne vais pas pâlir à cause d'eux ; ni me lever plus tôt ; ni m'abstenir de vin ; ni me couronner d'une seule rose de moins ; ni perdre une heure de joie. — Je n'ai pas peur d'eux. »

Robert Escarpit m'a raconté qu'un 22 janvier, jour anniversaire de la naissance de Byron, à Londres, des travaux interdisant l'accès à sa statue, John Murray et Harold Nicolson avaient organisé un commando qui, franchissant les barrages, était parvenu à déposer des fleurs au pied de celle-ci. Mon intempestive *Diététique* ne veut être rien d'autre qu'une fleur de ce bouquet byronien, la rose qu'évoque Sardanapale, *a single rose...*

1.	*Mio Byron*	13
2.	*Entre Vénus et Esculape*	18
3.	*Né pour l'opposition*	54
4.	*Une trace lumineuse*	89
5.	*Une femme serait mon salut*	100
6.	*Clytemnestre*	130
7.	*La Torture et le Temps*	138
8.	*Mon amour assassiné*	153
9.	*Les fruits verts*	163
10.	*Notre frère Satan*	175
11.	*Enfant du Doute et de la Mort*	189
12.	A single rose	209

DU MÊME AUTEUR

Romans

L'ARCHIMANDRITE, La Table Ronde.
NOUS N'IRONS PLUS AU LUXEMBOURG, La Table Ronde, Le Livre de Poche et La Petite Vermillon.
ISAÏE RÉJOUIS-TOI, La Table Ronde.
IVRE DU VIN PERDU, La Table Ronde et Folio.
HARRISON PLAZA, La Table Ronde.
LES LÈVRES MENTEUSES, La Table Ronde.
LES AVENTURES DE NIL KOLYTCHEFF, Jean-Claude Lattès-La Table Ronde.

Essais

LE DÉFI, La Table Ronde.
LES MOINS DE SEIZE ANS, Julliard.
LES PASSIONS SCHISMATIQUES, Stock.
LA DIÉTÉTIQUE DE LORD BYRON, La Table Ronde et Folio.
LE SABRE DE DIDI, La Table Ronde.
LE TAUREAU DE PHALARIS, La Table Ronde et La Petite Vermillon.
MAÎTRES ET COMPLICES, Jean-Claude Lattès.

Récits

COMME LE FEU MÊLÉ D'AROMATES, La Table Ronde.
LE CARNET ARABE, La Table Ronde.

Poèmes

DOUZE POÈMES POUR FRANCESCA, La Table Ronde.

Journaux intimes

CETTE CAMISOLE DE FLAMMES, La Table Ronde et Folio.
L'ARCHANGE AUX PIEDS FOURCHUS, La Table Ronde.

VÉNUS ET JUNON, La Table Ronde.
ÉLIE ET PHAÉTON, La Table Ronde.
UN GALOP D'ENFER, La Table Ronde.
MES AMOURS DÉCOMPOSÉS, Gallimard et Folio.

COLLECTION FOLIO

Dernières parutions

3566 Philippe Sollers — *Passion fixe.*
3567 Balzac — *Ferragus 1833.*
3568 Marc Villard — *Un jour je serai latin lover.*
3569 Marc Villard — *J'aurais voulu être un type bien.*
3570 Alessandro Baricco — *Soie.*
3571 Alessandro Baricco — *City.*
3572 Ray Bradbury — *Train de nuit pour Babylone.*
3573 Jerome Charyn — *L'homme de Montezuma.*
3574 Philippe Djian — *Vers chez les blancs.*
3575 Timothy Findley — *Le chasseur de têtes.*
3576 René Fregni — *Elle danse dans le noir.*
3577 François Nourissier — *À défaut de génie.*
3578 Boris Schreiber — *L'excavatrice.*
3579 Denis Tillinac — *Les masques de l'éphémère.*
3580 Frank Waters — *L'homme qui a tué le cerf.*
3581 Anonyme — *Sindbâd de la mer et autres contes.*
3582 François Gantheret — *Libido omnibus.*
3583 Ernest Hemingway — *La vérité à la lumière de l'aube.*
3584 Régis Jauffret — *Fragments de la vie des gens.*
3585 Thierry Jonquet — *La vie de ma mère!*
3586 Molly Keane — *L'amour sans larmes.*
3587 Andreï Makine — *Requiem pour l'Est.*
3588 Richard Millet — *Lauve le pur.*
3589 Gina B. Nahai — *Roxane.*
3590 Pier Paolo Pasolini — *Les anges distraits.*
3591 Pier Paolo Pasolini — *L'odeur de l'Inde.*
3592 Sempé — *Marcellin Caillou.*
3593 Bruno Tessarech — *Les grandes personnes.*
3594 Jacques Tournier — *Le dernier des Mozart.*
3595 Roger Wallet — *Portraits d'automne.*
3596 Collectif — *Le nouveau testament.*
3597 Raphaël Confiant — *L'archet du colonel.*

3598 Remo Forlani	*Emile à l'hôtel.*
3599 Chris Offutt	*Le fleuve et l'enfant.*
3600 Parc Petit	*Le Troisième Faust.*
3601 Roland topor	*Portrait en pied de Suzanne.*
3602 Roger Vaillant	*La fête.*
3603 Roger Vaillant	*La truite.*
3604 Julian Barnes	*England,England.*
3605 Rabah Belamri	*Regard blessé.*
3606 François Bizot	*Le portail.*
3607 Olivier Bleys	*Pastel.*
3608 Larry Brown	*Père et fils.*
3609 Albert Camus	*Réflexions sur la peine capitale.*
3610 Jean-Marie Colombani	*Les infortunes de la République.*
3611 Maurice G. Dantec	*Le théâtre des opérations.*
3612 Michael Frayn	*Tête baissée.*
3613 Adrian C. Louis	*Colères sioux.*
3614 Dominique Noguez	*Les Martagons.*
3615 Jérome Tonnerre	*Le petit voisin.*
3616 Victor Hugo	*L'Homme qui rit.*
3617 Frédéric Boyer	*Une fée.*
3618 Aragon	*Le collaborateur.*
3619 Tonino Benaquista	*La boîte noire.*
3620 Ruth Rendell	*L'Arbousier.*
3621 Truman Capote	*Cercueils sur mesure.*
3622 Francis Scott Fitzgerald	*La sorcière rousse.*
3623 Jean Giono	*Arcadie...Arcadie.*
3624 Henry James	*Daisy Miller.*
3625 Franz Kafka	*Lettre au père.*
3626 Joseph Kessel	*Makhno et sa juive.*
3627 Lao She	*Histoire de ma vie.*
3628 Ian McEwan	*Psychopolis et autres nouvelles.*
3629 Yukio Mishima	*Dojoji et autres nouvelles.*
3630 Philip Roth	*L'habit ne fait pas le moine .*
3631 Leonardo Sciascia	*Mort de L'Inquisiteur.*
3632 Didier Daeninckx	*Leurre de vérité et autres nou velles.*
3633. Muriel Barbery	*Une gourmandise*
3634. Alessandro Baricco	*Novecento : pianiste*
3635. Philippe Beaussant	*Le Roi-Soleil se lève aussi*
3636. Bernard Comment	*Le colloque des bustes*
3637. Régine Detambel	*Graveurs d'enfance*

3638.	Alain Finkielkraut	*Une voix vient de l'autre rive*
3639.	Patrice Lemire	*Pas de charentaises pour Eddy Cochran*
3640.	Harry Mulisch	*La découverte du ciel*
3641.	Boualem Sansal	*L'enfant fou de l'arbre creux*
3642.	J.B. Pontalis	*Fenêtres*
3643.	Abdourahman A. Waberi	*Balbala*
3644.	Alexandre Dumas	*Le Collier de la reine*
3645.	Victor Hugo	*Notre-Dame de Paris*
3646.	Hector Bianciotti	*Comme la trace de l'oiseau dans l'air*
3647.	Henri Bosco	*Un rameau de la nuit*
3648.	Tracy Chevalier	*La jeune fille à la perle*
3649.	Rich Cohen	*Yiddish Connection*
3650.	Yves Courrière	*Jacques Prévert*
3651.	Joël Egloff	*Les Ensoleillés*
3652.	René Frégni	*On ne s'endort jamais seul*
3653.	Jérôme Garcin	*Barbara, claire de nuit*
3654.	Jacques Lacarrière	*La légende d'Alexandre*
3655.	Susan Minot	*Crépuscule*
3656.	Erik Orsenna	*Portrait d'un homme heureux*
3657.	Manuel Rivas	*Le crayon du charpentier*
3658.	Diderot	*Les deux amis de Bourbonne*
3659.	Stendhal	*Lucien Leuwen*
3660.	Alessandro Baricco	*Constellations*
3661.	Pierre Charras	*Comédien*
3663.	Gérard de Cortanze	*Hemingway à Cuba*
3664.	Gérard de Cortanze	*J. M. G. Le Clézio*
3665.	Laurence Cossé	*Le Mobilier national*
3666.	Olivier Frébourg	*Maupassant, le clandestin*
3667.	J.M.G. Le Clézio	*Cœur brûle* et autres romances
3668.	Jean Meckert	*Les coups*
3669.	Marie Nimier	*La nouvelle pornographie*
3670.	Isaac B. Singer	*Ombres sur l'Hudson*
3671.	Guy Goffette	*Elle, par bonheur, et toujours nue*
3672.	Victor Hugo	*Théâtre en liberté*
3673.	Pascale Lismonde	*Les arts à l'école. Le plan de Jack Lang et Catherine Tasca*
3674.	Collectif	*« Il y aura une fois ». Une anthologie du Surréalisme*

*Impression Bussière Camedan Imprimeries
à Saint-Amand (Cher),
le 6 mai 2002.
Dépôt légal : mai 2002.
1er dépôt légal dans la collection : décembre 1987.
Numéro d'imprimeur : 022165/1.*
ISBN 2-07-037907-8./Imprimé en France.

13144